刘哲作品

司法观

刘哲 著

清华大学出版社
北京

本书封面贴有清华大学出版社防伪标签,无标签者不得销售。
版权所有,侵权必究。侵权举报电话:010-62782989

图书在版编目(CIP)数据

司法观 / 刘哲著. —北京:清华大学出版社,2020.7
(刘哲作品)
ISBN 978-7-302-55816-3

Ⅰ.①司… Ⅱ.①刘… Ⅲ.①司法-工作-研究-中国 Ⅳ.① D926

中国版本图书馆 CIP 数据核字 (2020) 第 110908 号

责任编辑:	刘　晶
封面设计:	汉风唐韵
版式设计:	方加青
责任校对:	王凤芝
责任印制:	沈　露

出版发行:清华大学出版社
　　　　　网　　址:http://www.tup.com.cn,http://www.wqbook.com
　　　　　地　　址:北京清华大学学研大厦 A 座　邮　编:100084
　　　　　社 总 机:010-62770175　　　　　　　邮　购:010-62786544
　　　　　投稿与读者服务:010-62776969,c-service@tup.tsinghua.edu.cn
　　　　　质 量 反 馈:010-62772015,zhiliang@tup.tsinghua.edu.cn
印 装 者:三河市龙大印装有限公司
经　　销:全国新华书店
开　　本:145mm×210mm　　　印　张:8.875　字　数:165 千字
版　　次:2020 年 8 月第 1 版　　印　次:2020 年 8 月第 1 次印刷
定　　价:59.80 元

产品编号:089149-01

献给我的岳父岳母,
他们一直视我如己出!

作者简介

刘 哲

北京市人民检察院首批入额检察官
曾办理山西溃坝案
设计并组织研发刑事公诉出庭能力培养平台
著有:《检察再出发》《你办的不是案子,而是别人的人生》
　　　《法治无禁区》

序　言

陈瑞华

北京大学法学院教授

刘哲是一位奋斗在检察工作第一线的资深检察官。很难想象，在艰巨的办案工作之余，他竟然在几年间出版了四部个人专著。

读他的文字，感觉其中渗透着浓厚的法治意识，这些意识超越了本职工作，超越了他所在的部门，超越了个人的利害得失。他站在维护法治、实现正义、为民请命的立场上，提出了一系列令人耳目一新的命题。对于这样一位具有独立学术品格的专家型检察官，我从内心是钦佩和敬重的。他的很多文字能够超越时空，具有持久的生命力。

刘哲的这部名为《司法观》的著作，是一部汇集了他多年学术思考的司法随笔。既然是随笔，就带有散文的文风，可以对诸多问题自由地发表评论，而不受学术著作的规范限制，使自己的思想有一个相对宽松的载体。所谓"司法观",作者的本意是将司法的观念提升到人生观、世界观、价值观这个哲学层面来探讨。一个人为什么会有人生观、世界观?因为人活着就是需要一些根本的观念来引导,这个观念要从小培养,比如诚实、正直、善良、包容等,如果这些观念出问题,人就会出大问题,这个社会就会出大问题,这就是基础观念的重要性。

对于司法者也一样,如果司法的根本观念出现问题,司法行为就会出问题,整个司法机关就会出大问题。我们知道,很多冤假错案和现在很多的司法问题,根子上很多都是司法观念的问题。你是人性执法还是机械执法,是重实体轻程序,还是尊重程序正义,是真正的法治还是披着法治外衣的人治,对法律的理解是否符合法的精神……这些种种也是司法的根本性观念。这些看似有点虚的观念,其实会实实在在影响案件的走向,就像刘哲说的:会影响别人的人生,并进而也必然影响司法官自己的人生,这些例子太多了。而司法行为又是社会行为的示范,因此司法观还会影响公众的人生观、价值观和世界观。

本书尽管属于随笔性的文章汇集,但仍然具有较大的思想容量。本书分为"观念""思维"和"境界"这三个部分,层层递进,从三个层次上讨论了司法的观念。在《法的本质》一文中,作者就讨论了如何寻找和落实法的精神的问题;在《什么是上诉不加刑原则》一文中,作者强调控审分离的基本原则不可动摇,程序正义相比于实体正义具有更强的制度稳定性,以及在法律适用时应该具有的价值取向。作者高度重视司法思维的重要性，在《司法改革的壳成本》一文中，作者主张司法资源配置上应该遵循基本的经济学法则；在《强管理为什么不适合司法行为？》一文中，作者强调司法管理应该遵循司法的规律，并强调司法人员应当具备基本的法治思维。作者还强调"境界"的价值，在《拒绝司法平庸主义》一文中，他根据自己的司法经历，反思了机械执法的落后理念，主张关注司法的终极价值，拒绝平庸主义的侵蚀；在《独立判断的意义》一文中，作者更是通过历史故事的隐喻来凸显独立判断在司法工作的重要意义；在《理查德·朱维尔的哀歌也是我们每个人的哀歌》一文中，作者提醒司法人员始终要警惕公众的偏见对司法公正性可能带来的负面影响；在《认真红利》《荣誉感在社会运行中的作用》等文中，作者更是思考了如何走向卓越的制度性安排。

通观全书，作者以"司法观"为主线，不仅有直抒胸臆的阐述，还将其贯彻在对案例、体会和批评的评论上。作者极力避免口号式的说教，不把这一问题写成高大上的概念和空洞的大词，而是将其视为有血有肉、具体而微的理念，使之成为值得信仰、有待于传播的法律精神。读罢全书，深受启发，愿意向读者推荐。

是为序。

2020 年 5 月 2 日

法治观念是司法运行的底层逻辑

李奋飞
中国人民大学法学院教授

唐代的平民诗人白居易曾经说过："文章合为时而著，歌诗合为事而作。"写文章是这样，著书也是这样。很多时候，我们喜欢一部作品，并非仅仅看重其阐述了多少深奥的道理，而是更多地在意其是否捕捉到了时代的脉搏。

刘哲检察官的《司法观》就是这样一本能够紧贴时代脉搏的书。当下，中国仍处于司法改革的大潮之中，以往我们关注更多的是制度的建构，对于观念的建构很少涉及，至少是不够重视，认为那些不过是一些过于空洞的大词。但事实上，观念并非虚无缥缈的东西。如果办案人员没有树立起就像刘哲检察官在《你办的不是案子，而是别人的人生》一书中所倡导的人性司法观，就可能酿成天津大妈涉枪案、于欢案、快递小哥案等带有机械执法色彩的案件。而如果司法官能够拥有正确的观念,就可以让司法的公信力大大提升。这就是观念的力量。刘哲将这本书命名为《司法观》,看起来简单,其实颇有深意,这是一个与人生观、价值观等量齐观的概念,或者就说是司法官的价值观也不为过。也可以说它就是司法官的灵魂,直接影响着每一个司法行为,每一起案件,也必将关乎每一个涉案当事人的人生。因此,它实际上就是司法运行的底层逻辑。

以往,我们更多追求的是显见的司法业绩,包括诉讼制度的不断完善,司法责任制的出台落地,以审判为中心的诉讼制度改革的深入推进,认罪认罚从宽制度的全面实施……这些更多地属于"面上"的司法进步。更深层次的是司法的观念,它是那些深植于司法官内心的东西,就是那些本性难移中的"本性",习惯性思维中的"习惯",它是从骨子里影响司法行为的东西,是司法者的价值观,这才是司法的"里子",是决定司法机关精神气质的东西。因此,只有司法观念有了相应的进步,才会带来真正的司法进步。

刘哲作为一线的检察官,难能可贵地始终保持着理性的头脑和建设性的法律思维,来思考这个司法改革和司法运行的底层逻辑,而底层逻辑就是一个社会长期运行和长远发展的真实逻辑。

刘哲从《论法的精神》出发,以《法的本质》探讨司法观念的本质,指出:法律也有它的本质,当我们对法律的理解出现分歧的时候,我们一定要回到法律制度的根源,回到制定法律的目的,回到法的本质去理解。这个理解一定是不能违背常识、常情和常理的,因为这是法的伦理基础。法的方向一定要不断回到这些社会共识和一般预期当中来不断矫正,才不至于走偏,才能实现良法与善治的统一。法的适用,一定要不断放在制度整体结构当中,放在社会治理体系的框架中,这样社会公众和司法者才能理解它真实而具体的含义。因为所有的具体,都是在整体坐标系下的具体。对法律的具体理解,都要体现它在法律体系下的定位和功能。不断回归本质、回溯本源、思考定位的过程,就是寻找法的精神的过程。

刘哲不仅始终旗帜鲜明地批判机械执法,同时还指出问题产生的根源:机械执法给人的感觉往往是具体的司法官执法理念的问题,但其实它是一个系统性的问题。除了管理发条之外,司法资源优化配置水平低下,及其所导致的局部案多人少的现状也会成为压垮人性感受力的另一根稻草。要么选择成为无情的司法机器,尽快将眼前的案件处理了事;要么选择在良知的驱使下,投入超负荷的精力寻求公正,甚至被身体和精神压垮。

除了人性司法观念,刘哲还特别强调程序正义的观念,在《什么是上诉不加刑原则》一文中,他强调:我们只有严格地落实程序,公正才会变得有希望。只要违反了程序,公正的结果就变得具有极大的不确定性。只要违反了程序,程序的作用就失去了,人性就无法得到约束。经过长期的实践,我们将这种公正的不确定性就视同对程序正义的破坏。不是我们不信任人,我们只是不相信不受约束的人性。我们在意的不是一次的结果，我们在意的是持续获得好结果的机制。

刘哲检察官除了办案之外，还亲身参与了很多司法改革的完善落实工作，他对司法运行的真实逻辑有着自己的体会。所以他在《司法改革壳成本》中指出，内设机构的壳成本过高不利于司法资源的优化配置，这种壳成本也给司法官履职造成了极大的行政负担，妨碍了司法权的有效行使。而司法权有其自身的逻辑，在《强管理为什么不适合司法行为》中，他明确指出：正义并不远，它就在司法官的内心之中，只要能够按照他们的心意办，绝大多数案件是能体现出法治和人性的光辉的。事实上，所有创造性的劳动都无法通过强迫获得，一旦强迫，本来的创造性劳动就变成了机械性劳动。创造性隐藏在人脑之中，只能通过信任、鼓励和激励获取。实现公平正义之路应该是一条信任之路，是一条人性解放之路，应该相信司法责任制的本质性价值，看穿行政化对司法规律的阻碍作用。让司法的智慧之光不再被遮蔽。

刘哲还通过一系列的关于审查报告的文章，描述了司法观念在办案思维方面的具体表现，他认为：案件审查报告的事实描述能力和水平，其实是一面镜子，既能折射出我们的能力和水平，也体现了我们的理念和价值观，同时也是司法改革实际运行成果的试金石。

作者以轻松的笔触，娓娓道来的文笔，讲出的"真东西"，读起来真是甘之若饴。

刘哲对传统的司法理念尤其是司法平庸主义的种种表现进行了全面反思。在他看来：司法的平庸主义放弃了司法的理想，输出的是低质量的法治产品，有些法治产品的质量之低已经使人无法忍受。司法的理想主义不再是一个理想，而只是更高品质的法治产品标准。司法需求已经提升，司法环境已经不能容忍对常识、常理、常情的公然违反。在办案子的时候还要再想想别人的人生，已经成为新的法治标准。因为我们已经迈入了一个新的法治时代，人性司法正在成为新的司法价值观。

《司法观》这本书的亮点，还体现在其对滑铁卢、中途岛、古腾堡、文艺复兴等重要历史场景和历史人物进行了探讨，从司法出发讲到了人的进步的永恒主题，并将其升华为荣誉感体系的三个定律：荣誉感必须建立在公平基础之上；人是个体；荣誉感既是内在的，也是外在的评价体系。他精辟地论述道："荣誉感并不是空泛的口号，它是实实在在的社会激励体系，在社会运行中发挥着不可替代的作用。它是推动人类进步的无形之手，是点亮创造、勇气、责任之火的灯油。"在危机之中，我们在呼唤荣誉感的同时，不要忘记其背后的制度性安排。这就将讨论提升到了哲学层面，不免让人耳目一新。可以说，这种表达风格也是本书的一个重要特点，就是兼具思想性和叙事性，很多小故事能够引人入胜，所作的分析和得出的结论，又能够鞭辟入里，给人启迪。更值得称道的是，作为一名检察官，他在立足现实的同时,还怀着更高远的理想,讨论了一些熠熠发光、带有永恒性的主题。

总之,通读全书,我可以从字里行间,真切地感受到作者对我们司法工作的深厚情感,就像他之前提出的那句广为流传的"语录"——"你办的不是案子,而是别人的人生"和它所代表的人性司法观念一样,作者再次以饱含人文主义的情怀全面系统地提出了司法观念的进化路径。只不过,这一次更加透彻、深邃,却又润物细无声。

刘哲检察官年龄不大,但著述颇丰。《司法观》是他的第四本书。从他的系列作品里,我大体上能够感受到他思想的演进脉络。对他之前的不少观点,我至今耳熟能详,有的甚至还在各种讲座中多次提及。但为他作序,这还是第一次。相比于前三部法律题材的作品,这部作品多少突破了以往的方式和范围。不过,也正因为如此,这部作品就更显得难能可贵。因为,法治观念就应该成为司法运行的底层逻辑。

是为序。

2020 年 6 月 5 日
谨识于中国人民大学明德法学楼

目 录

第一章 观念 / 001

法的本质 / 002

司法的边际效应 / 007

司法的累积效应 / 011

什么是上诉不加刑原则 / 014

审监抗的标准和意义 / 020

为什么我们习惯于一个弱势的检察机关？ / 026

公诉人的牙齿在哪里？ / 034

为什么程序法定原则会被人遗忘？ / 046

人数与公正性 / 053

制度定力 / 060

法治的走向 / 066

第二章 思 维 / 071

司法改革的壳成本 / 072
强管理为什么不适合司法行为？ / 079
司法会签文件与公事公办 / 086
关于建立全国法律帮助云端平台的建议 / 090
卷宗里的照片为什么不能放大一点？ / 099
自行补查的度 / 103
什么是案件审查报告？ / 108
捕诉报告一体化与思维一体化 / 118
审查报告中事实认定部分的功能 / 126
对于不明确的事实，审查报告如何写？ / 132
审查报告的事实之网 / 137

第三章 境　　界 / *145*

　　拒绝司法平庸主义 / *146*

　　独立判断的意义 / *164*

　　理查德·朱维尔的哀歌也是我们每个人的哀歌 / *176*

　　荣誉感在社会运行中的作用 / *184*

　　认真红利 / *195*

　　从古腾堡、期刊到自媒体 / *207*

　　做个文艺复兴人 / *225*

　　无序和有序 / *233*

　　如何应对危机 / *238*

　　神人之法与人机共存 / *250*

后记 / *261*

第一章 观念

法 的 本 质

《论法的精神》这本书有着巨大的影响力,早已超越了法学研究领域。

它在百年前就由严复等人引入中国,产生了持久而深远的影响,后有多个译本出现,我所依据的是商务印书馆2012年的最新译本。《论法的精神》的作者,是法国伟大的启蒙思想家、法学家孟德斯鸠。

这部巨著的盛名如雷贯耳,我在学生时代就对它充满了敬畏,甚至不敢触碰,害怕自己无法消化。

受孟德斯鸠的影响,那时候我还写过一篇叫《人治与法治的地理成因》的文章。一晃二十多年过去了,我对这本书及其所追求的法治精神始终不敢忘怀。

其实我推荐的不是书,而是阅读的品位和价值观。

这本书并不艰涩,其实很多经典著作都没有你想象的那么艰涩,它们之所以成为传世经典,一定是因为里面真的有料,阅读的性价比往往更高。借此,我也建议各位读者,可能的话多读一些经典作品,从而能够有更深层次的精神收获。

读书不仅是为了了解作品本身,也是在尝试了解作者与他的期待,是与作者对话的过程,是通过别人的眼睛和头脑了解世界的过程,因此也是一个自我扩展的过程。

同时,读书也是在用新知来不断检验自己的过往和经历,拍案叫绝的时候正是两者产生共鸣的时刻,因此读书也是一个再次认识自我的过程。

为什么同样一本书,我们看到的会是不同的世界?那是因为这个世界是你与作者一起建构的独一无二的世界。这里面有你自己的影子,这些不断建构的小世界合在一起也就组成了你的认知结构和精神世界,因此读书也是一个自我进化的过程。

正因此,我对《论法的精神》的理解,也必然包括了这三个过程。我在推荐这本书的同时,也在尝试将我的思考过程一并分享,以期发挥一些读书方法论上的价值。

《论法的精神》带给我最强烈的感受,大致可以总结为三点启示:

一、法的精神实际上在法律之外

法是各种社会关系的抽象,而社会关系又是由多种因素决定的。因此,法的本质是多重因素叠加的结果。

在这本书的写作过程中，孟德斯鸠就广泛的问题展开了研究。除了对罗马法、法兰西诸法以及封建法的研究之外，他还从历史、地理、伦理、习俗、气候、人口、传统等各个方面展开了研究，以期从历史的长河中、从世界各地人们的实践中探寻法的演变和发展规律。

法律绝不仅仅是由条文和判例构成的，法是由观念、伦理、行为习惯、商业实践逐渐演变而成的。而在作者整个的研究过程中，看似内容十分庞杂，涉猎也十分广泛，但其实也一再体现着作者自身的经历。比如他对土耳其风俗的研究，对古罗马历史和法律的一再引述，都闪现着《波斯人信札》和《罗马盛衰原因论》的影子。而对税法、继承法、婚姻法的充分阐释，也一再反映出其作为法官的职业经历。

因此，任何的研究都离不开过往的经历，都是在认知体系之下的适当扩展。这一点我深有同感。

因此，《论法的精神》这部伟大的著作离不开作者之前诸多成功作品的积淀，以及作者日常对司法实践的扎实研究。

高楼是一层一层建起来的，你现在读的每一本书、写的每一篇文章、办的每一起案件，都会成为你未来的阶梯。

不要问如何才能写出好文章，要先多读书。

而法律人还需要特别注意的，就是要不断突破专业局限，不断扩展自己的眼光，因为孟德斯鸠告诉我们，法律的精神并不在法律之中，你需要到更加宽广的外部世界中去寻找。

二、法的本质是社会治理模式

法是社会运行的基本规则和底层逻辑。

每一种社会规则和文明结构都拥有不同的规则体系,从而产生法的不同面貌。

而孟德斯鸠努力探寻的就是共通性的规则和法治的演化方向,那就是规则之治。无论法以何种面貌出现,都是在以规则的力量体现社会治理的理性思维,通过规则和程序来约束人性的恣意。

因为法关注的绝不仅是一个事件的一次结果,而是更加在意持续获得公正结果的制度机制。

正义只有放在规则的框架下去追求,才有稳定性,才能避免人为的随意性,才能确保真正的公正,这也是人治与法治的根本区别。

我们目前走的也是一条法治之路,那就是要确保法治的无差别性、平等性和彻底性,只有这样才能给公众一个稳定的预期,才能确保法治被信仰。

而法的公信力又是整个社会公信力的根基。

三、在法的适用中要不断回归法的本质

我们作为司法人员,职责就是不断将法律应用于司法实践。

但是长期的司法执业可能产生两个问题,一个是职业倦怠,

认为自己办的就是案子，不是别人的人生。将案件当作负累，进而会产生机械执法的平庸主义。另一个就是滥用专业知识，寻找法律漏洞，曲解法律的认知，这又会形成一种精致的利己主义。

无论哪种方式，都是违背法的初衷，背离法的本质的。

再完善的法律，都会有无法覆盖的语义空间，存在隐而不见的逻辑漏洞，永远都有可解释的空间。

这就像篱笆，注定有缝隙，但你知道它的目的是建立边界，而不是用来逾越的，这就是篱笆的本质。

法律也有它的本质，当我们对法律的理解出现分歧的时候，我们一定要回到法律制度的根源，回到制定法律的目的，回到法的本质去理解。

这个理解一定是不能违背常识、常情和常理的，因为这是法的伦理基础。

一定要不断回到这些社会共识和一般预期当中来不断矫正法的方向，才不至于走偏，才能实现良法与善治的统一。

法的适用，一定要不断放在制度的整体结构当中，放在社会治理体系的框架中，公众才能理解它真实而具体的含义。

因为所有的具体，都是在整体坐标系下的具体。对具体法律的理解，都要体现它在法律体系下的定位和功能。

不断回归本质、回溯本源、思考定位的过程，就是寻找法的精神的过程。

司法的边际效应

刑事司法是具有严肃性和严厉性的,不能轻易动用。

一旦轻易动用,反而会破坏这种严肃性和严厉性,就变得不好用了。

这就是刑事司法的边际效应,用多了,就不被当回事了。

刑法的谦抑性只是其中的一部分内涵。事实上,整个刑事司法制度都需要谦抑,而保证刑事司法谦抑的,又是其背后司法行政管理权的谦抑。因为它也要受到司法边际效应的支配。

我们一直批评的轻罪高羁押率,不仅是人权保障的问题,也是司法效果的问题。如果都羁押的话,就不能体现羁押措施的严肃性,羁押的强制性功能就被稀释了。

死刑政策也一样,为什么说要"少杀慎杀"?这不仅涉及人道主义,还涉及死刑的威慑性功能。如果,杀一个人也是死,杀两个人也是死,那怎么体现杀两个人的严重性?有死亡结果也是死,没有死亡结果也是死,那谁会在意被害人的死活?二者的区别何在？死刑用多了，它真正的威慑性就体现不出来了。这其实是拥护死刑的人不希望看到的。

还有很多机械执法的问题：那些明明可以进行行政处罚的情况，非要纳入刑事诉讼中来，看似这样可以更严厉些。但是，这会将刑罚当作更加严厉的行政管理手段，刑事诉讼将被工具化。这样不但不能产生所期望的治理效果，还会贬损刑事诉讼的真正价值，让刑事诉讼不被尊重。

既然不被尊重，何谈信仰与信服？没有信仰，再严厉的刑罚也只是恐吓的工具。

但是人并不是工具，人有了解之同情，人有对刑事司法有限性的警惕，也有对司法边际效应的敬畏。如果让司法官自主决定，往往下不去手，往往不会将司法工具主义执行得那么决绝。

所以我们发现实行司法责任制之后，导致的是不批捕率、不起诉率的提升。

这是人性对司法边际效应的对冲。

作为一个人，他会不由自主地怀疑，普遍性的羁押、普遍性的严厉处罚是否真的有用，他们会变得"下不去手"。当他们下不去手的时候，正是司法边际效应开始递减的时候，他们本能地感受到这种效应，既是出于人性的考量，也是因为他们身处司法一线。他们对司法的趋势性有一种直觉，这其实是对司法亲历性的深层感受。

令人遗憾的是，越是远离这个亲历现场的人越是感受不到这种"下不去手"的感觉。就像在指挥部里看不到淋漓的鲜血，也看不到绝望的眼神和无助的眼泪，从而更加渴望战争一样。

当他们每一次从背后拧紧管理发条的时候，一线司法官的独立意志和人性感受力就会减少一些，就会感到机械执法的强度增加了一些。就像从后方的指挥部不断向前线发出"给我冲"的号令。

机械执法给人的感觉往往是具体的司法官执法理念的问题，但其实它是一个系统性的问题。

除了管理发条之外，司法资源优化配置水平低下，所导致的局部案多人少也会成为压垮人性感受力的另一根稻草。要么选择成为无情的司法机器，尽快将眼前的案件处理了事；要么选择在良知的驱使下，投入超负荷的精力寻求公正，最后被身体和精神的双重压力压垮。

所以，你办的不是案子，而且别人的人生，这反而成为一条曲线。

一端是人生，一端是案件。随着案件量和管理强度从"人生"越来越向"案件"的方向偏离，最后在案件和管理的重压下就会变成：就是案件、就是案件、就是案件……

否则其将被案件量和良知的双重负荷压垮。

而这些才是司法边际效应的内在逻辑。

不是司法更加的无情和机械，而是司法者本身被压得只能越加的无情和机械。这又进一步减损了司法本身的效能。

这其实也背离了司法管理者的初衷,他们加强司法管理绝不是希望司法低效,而是希望司法高效,但却恰恰走向问题的反面而浑然不觉。

这就像对孩子管得太紧的家长,都是望子成龙的,但是他们也搞不明白的是,为什么孩子就是学不好。

这里面有着相似的边际递减定律。

司法的内外边际效应会使司法陷入恶性循环之中。

只有人性才是解救之道。

司法的累积效应

司法的公信力不是一天形成的,而是一天一天不断累积起来的。

相反的,破坏司法公信力的行为也不是一天造成的,而是一个一个具体的案件、事件累积的结果。

一个案例胜过一打文件的原因,除了它的真实影响之外,还有案件可能产生的累积式的影响。

一件错案从来不是一次完成的,而是一个又一个错误决定累积形成的。

为了掩盖一个错误,就需要更多的错误,以至于不可收拾,不得不再用更大的错误来掩盖,直到被彻底揭开来,或者永远也无法彻底地揭盖,成为错误的迷宫。

好像很多都是很小的问题,有时只是睁一只眼闭一只眼,有些只是机械执法,有些只是扯皮,有些只是以偏概全,有些只是事不关己。它们构成了错案的滑道,一路顺坡而下,并累积了巨大的势能，越来越难以阻止。

再想阻止的时候可能就要付出极大的代价，这个代价会让很多人望而却步，这一晃可能就会过去很多年。

所以很多错案的纠正都需要很长的时间和很大的代价，这就是错误的累积效应导致的。

所以不要过度担心一个错案对司法造成的伤害，而要担心长期掩盖、姑息、习惯错案可能带来的长期伤害。

纠正错误就是正确的开始。

而正确也有累积效应，就像是盖大楼，每一层盖得扎实一点，都可以成为下一步的地基。地基越深厚，越坚实，楼就可以盖得越高，路就可以走得越远。

这个累积不是别的，正是真实的力量。

不可能没有问题，关键是我们如何对待问题。及时加以纠正成本就会很低。

它会显得没那么好看，没那么顺溜，没那么完美。

但是它更真实，更坚固，所以也更持久。

对每一件案件都足够用心，在每一个环节上都对得起自己，肯定会耽误一点时间，但是从长远看会降低程序反复的可能，因为踏实所以效率更高。

因为每一件案件都经过推敲，没有迁就，没有妥协，没有外界的干扰，即使短期内没有让一部分人满意，但是长期来看可以让更多的人满意。

这是司法的长期主义精神。

司法从来不是百米冲刺,它是马拉松。

经常跑马拉松的人不会在起跑的时候就冲刺,而是尽量放松,调整呼吸和节奏,等待身体预热。

凡是在前半程就冲的人,往往下半程就崩了。

功夫都在平时,冲一次是没有用的。

所以,很多时候在听到不惜一切代价办好一件案件的时候,我就在担心:其他案件怎么办?司法的资源可是有限的。

而司法的公信力正是由其他案件积累起来的。

这不是个别人的个别案件,而是每个司法官的日常工作行为累积起来的,所以需要整体发力,需要每个人在每件案件上下功夫。

信用是累积的结果,光靠努一下是得不到的。

不是说什么都得不到,而是说得不到日常的、普遍性的积累,恰恰是这些才决定了司法的基本盘。

这就像日常的学习,就像孩子的成长,有关键时刻的发挥,但是更多的是日常的积累,这也决定了他人生的基本盘。

没有瞬间的奇迹,只有因时间累积发生的从量变到质变的奇迹。

我们追求质变,那就要对量变致以最大的敬意。

所以不要空谈宏大的司法目标,人们只在意你迈向目标的每一步是否坚实。

什么是上诉不加刑原则

上诉不加刑原则是刑事诉讼法的基本原则，它的基本含义就是对仅有被告人上诉的，不得加重刑罚，只有检察机关在提出加重抗诉的意见时才作为例外。目的是保证上诉救济权的有效行使。

这是程序正义的基本体现。

实体正义只有放在程序的框架下去追寻，才具有稳定性，才能避免人为的随意性，才能确保真正的公正。

因为正义，多少人曾假汝之名……

我们只相信规则，正义只有通过规则才能被看见。只有遵守规则人们才会信仰法治，只有通过规则的博弈才能完善法律的秩序，才能保证法治是在轨道上行驶，也只有遵循规则才能区分人治和法治。

规则意识是法的基本精神。

上诉不加刑原则之所以一再被强调，就是因为这个原则蕴藏着现代法治的基本理念。

一、控审分离

控审分离是现代法治的基本前提。

自抓自审、自诉自审，就会成为纠问制下的县老爷。既做运动员、又做裁判员，这就会从根本上否定现代法治的基本原则。那样的话，辩护权、程序保障也就无从谈起。

上诉不加刑的原则是控审分离原则在二审阶段的延续。

上诉人上诉，检察机关没有抗诉，二审加重刑罚就是在代行控方职权。

上诉人上诉，检察机关抗诉提出加重刑罚的意见，这个时候加重刑罚就不是在代行控方的职权，而只是对控方意见的采纳，仍然是一种居中裁判。

但是如果检察机关抗诉，也认为一审量刑过重，与上诉人立场一样了，这个时候法院就不能加重刑罚。因为这是彻头彻尾的控方立场，如果法院秉持了控方立场，又居中裁判就违背了中立性原则。自己提出了加重的意见，又自己表示同意，无异于混淆了控审界限，也让辩护权形同虚设。因此这是实质地违反上诉不加刑原则。

法官不得代行检察官的职权是刑事诉讼制度不可碰触的红线。因为这不是在破坏一个原则，而是在颠覆整个现代司法制度的根基。

刑事诉讼法明确强调发回重审也不能加重刑罚，就是在传达一个很明确的信号，就是在强调这条原则的绝对性。

但是，只要有边界，就总有冲破程序边界的欲望。

此前就有观点认为，可以通过发回重审的方式加重刑罚，解决认罪认罚无理上诉的问题。不要以为这只是一个观点，实践中就有人这么干，在仅有被告人上诉的情况下，法院通过发回重审的方式加重了刑罚，目前检察机关已经发出了纠正审理违法意见书。

二、寒蝉效应

上诉加刑将使上诉制度失去意义，因为这会引发寒蝉效应。

上诉碰到检察官没什么，因为如果检察机关当初没有抗诉，二审检察机关也不能提出加重的意见。即使检察机关抗诉了，提出了加重的意见，上诉人还可以进行辩护，而且法院未必会采纳检察机关的意见。

但是如果提出加重意见的是法官，那还辩护什么呢？那就一定会被加重刑罚，这就是一个确定性的风险。

而如果上诉一定会被加重刑罚，那谁还敢上诉？

如果谁都不敢上诉，那碰到真正的冤错案件又怎么办？这就会失去程序内的纠错机会。

失去程序内的纠错机会，就会加剧程序外的权利主张，比如上访或者暴力事件。被告人憋到一定程度就不在意你加不加刑了，但积怨一旦形成也就很难化解；即使解决了，也会减损司法机关的公信力。因为这是迟到的正义。

上诉制度的意义，在于给司法制度上了一个保险丝。

即使有些问题，有些电火花，跳一下闸，好好检查一番，确保安全之后，再推上继续运行，也不晚。

有问题那就赶紧修，因为是第一时间发现，一切都还来得及。

所以这其实是一个报警机制。如果没有上诉，上级法院也不知道哪个案件会有问题——只有上诉才知道，不上诉怎么知道呢？要是不敢上诉的话，那将无从知晓问题。

那就只能等到铸成大错才知道。为什么很多小案子申诉到两高都变成大案子了？这就是积累性损害造成的。

就像没有保险丝的时候，只有发生火灾了才知道出问题了。

而发生火灾了，又会对现场产生破坏作用，那个时候可能就很难说清楚问题的真正原因了。

就像很多冤假错案就是因为时过境迁，想要查清真相才变得困难重重。

三、程序正义

我们一开始只是会追问这个案子判得对不对，并不太在意怎么判的问题。

但时间一长我们就会发现，这是不靠谱的，当你不考虑程序的时候，实体问题根本无从解决。

我们在意程序正当性，其实是法治水平提高的表现。

因为，案件中的谁对谁错，有时候是说不清的。这是因为对事实的认知存在弹性，不容易把握。实体问题很滑，很容易在分歧之间溜出指间。变得说不清、道不明。

因此，我们才更加关心程序问题，因为程序更加刚性，研究怎么处理不违反规则、怎么处理最有利于防止偏私才更实际、也更有意义。

就像切蛋糕的问题，不是费尽心思地考虑让谁切，那样就完全寄托于一个人的人性，但人性是经不起考验的。而且每一次都要重新考虑，这样效率会很低。

最好的规则就是让切蛋糕的人最后挑，这就可以通过规则的力量一揽子解决人性的问题。

而如果"最后挑"这个原则，能够被随意打破的话，那么这个公平的机制也就形同虚设了。

比如说转到谁那谁自己拿啊，一边说一边把盘子转出去，由于切的人最了解大小，他会迅速挑选出最大的，或者把相对大的拿走，然后别人接着挑。那种转到哪随机分的方式，好像也很公平，其实变成了自己第一个拿，或者与第二个人同时拿，比如在旁边的人开始挑的时候，自己也趁机把选好的拿过来。这个过程，大家可能也都没注意，因为大家的注意力都专注于等待盘子转过来的那一刻。这就是掩人耳目。

通过抛出一个随机拿的方式,掩盖了自己先拿的事实。通过貌似合法的外衣,掩盖一个违法的事实。这才是真正可怕的,也是最需要警惕的。

因为它的隐蔽性容易使人被蒙蔽。

回望历史,多少恶行都是披着正义的外衣。

所以,我们只有严格地落实程序,公正才会变得有希望。只要违反了程序,公正的结果就变得具有极大的不确定性。

只要违反了程序,程序的作用就失去了,人性就无法得到约束。

经过长期的实践,我们将这种公正的不确定性视同对程序正义的破坏。

不是我们不信任人,我们只是不相信不受约束的人性。

我们在意的不是一次的结果,我们在意的是持续获得好结果的机制。

而且司法规则还是所有社会规则的示范,我们希望"我们"做出怎样的示范?

审监抗的标准和意义

审判监督程序中的抗诉（简称审监抗），是针对已经发生法律效力的判决和裁定而提出的抗诉。其启动标准更高，只有最高人民检察院和上级人民检察院才能提出，所以也较为罕见。为了保障既判力，往往要对抗诉的必要性进行更加充分的权衡。所以一旦出现，一定是有大事。

根据刑事诉讼规则，要么是有新的证据证明原判决、裁定认定的事实确有错误，可能影响定罪量刑，这既可能是加重也可能是减轻。

要么是据以定罪量刑的证据不确实、不充分的，或者依法应当排除，或者主要证据之间存在矛盾，或者原判决、裁定的主要事实依据被依法变更或者撤销的，这四条是减轻或者无罪的情形，是有利于被告人的抗诉的。

要么是认定罪名错误且明显影响量刑的，这一条限定在"明显"。

要么是违反法律关于追诉时效期间的规定的，在这种情形下，即使犯罪事实是成立的，也不能追究；如果被错误追究的，就应该纠正这个错误。它的目的不是放纵坏人，而是坚持法律规定的刚性。既然说了过期不问，就要说到做到，从而维持法律的公信力。当然，对于极端严重的犯罪，可以通过最高检核准追诉的方式解决追诉时效的法律问题。这里面说的都不是极端严重的犯罪。这也是在维护程序正义原则的刚性。

还有就是违反法律规定的诉讼程序，可能影响公正审判的，也要提起抗诉，这也是程序性的规定。

至于审判人员在审理案件的时候有贪污受贿、徇私舞弊、枉法裁判行为的，那就更不用说了。

总结起来，既有事实证据方面的规定，也有法律适用的规定，还有程序方面的规定。

一、事实证据方面

不利于被告人的抗诉要有新证据，但是有利于被告人的抗诉可以没有新证据，比如人家就是无罪或者当初的证据就是牵强附会勾连起来的，你让人家有什么新证据？这个举证责任不能倒置，只要你有证据不确实、不充分、矛盾或者排除的充分理由就可以了。

所以一定不要搞混了，加重刑罚才要新证据，减轻刑罚是不用新证据的，讲理就可以了。当然了，这个理一定要充分，才值得推翻既判力，也才可能推翻既判力。

在抗轻、抗重这个证据标准上的要求，应该是在维护既判力原则和保障人权原则之间的一个平衡。

二、法律适用方面

罪名错误影响量刑的，是一个单纯的法律适用错误，因此只是以程度进行限定。这个"明显"应该有一个大致的标准，不能只要"不一致"就是明显，或者只要"改判"就是明显。那就混淆了明显与不明显的区别。笔者归纳一下，所谓明显影响量刑的，可能有以下几种情况：

第一，未认定有法定量刑情节而超出法定幅度判处刑罚的。

第二，量刑所依据的法定量刑情节误判为有或者无，导致未在法定刑幅度内判处刑罚。

第三，量刑适用主刑刑种错误的。

第四，应当判处死刑立即执行而判处死刑缓期执行的，或者相反。

第五，不应当并处附加刑，而并处附加刑，或者相反。

第六，不具备法定的缓刑条件，而适用缓刑，或者相反。

这几种情形可以视为"明显"。量刑建议的采纳也可以参考此标准。

事实上，所有的问题都会涉及法律适用，但是我们不能将所有的问题都归结于法律适用，从而要求其必须存在量刑明显不当，因为事实证据和程序问题还有各自的价值考量。

三、程序方面

程序是有独立性价值的。就比如说，审判人员贪污受贿，你能说量刑没有明显不当，就不启动审判监督程序？那给人的公正感何在？

违反追诉时效也一样，它不是案子本身大小、刑罚轻重的问题，它涉及法律的承诺能不能兑现的问题。它的目的不是放纵罪犯，而是让人们相信法律一定是有效的。如果为了不放纵罪犯，把法律已经规定的追诉时效当儿戏，最后导致公众普遍对法律失去信心，那将是我们无法承受的损失。而追诉时效本身也是在法律的稳定性和公正性之间做出的取舍，终究是一个价值平衡的问题。

关于程序违法的事项虽然没有具体规定，但是我们抓住对公正审判的影响就够了。至于如何会对公正审判产生影响，就要在基本的诉讼制度中进行考量。这个影响可能是一次性的，也可能是长期的，而如果是长期的，那就更要引起注意。因为如果你这次不纠正，这个程序问题就会源源不断地影响公正审判。它败坏的不是一次的公正，它败坏的是公正的水源，所以就要引起我们的重视。

既然审监抗这么难以启动，它也一定有着更大的追求。这个追求的价值一定要超越既判力，成为足以支撑它走下去的理由。大概有以下几个方面：

1. 示范意义。比如马乐案，提出审监抗对"老鼠仓"类案件的处理上，以及对量刑情节的把握上就具有示范意义。还有一些冤假错案的纠正，对于证据标准、办案理念也有示范意义。

2. 建立标准。法律不可能天衣无缝，而修改法律又有滞后性，这就需要通过法律解释或典型案例补充漏洞、建立标准。其中，对法律进行解释需要基本的规则和诉讼理念作为支持，不应是任意的。比如上诉不加刑原则，它的法理依据就是控审分离原则，法官不能创设加重的立场从而代替检察官的职责，这是它的实质。至于在法律文字表述没有那么充分的时候，就要回到立法目的上来。在这方面，立法者的释义已经阐述得很清楚了。如果还是不明白，就有必要通过案例的方式进一步树立标准，进一步强化上诉不加刑的刚性原则。一个案例胜过一打文件，因为案例更加鲜活、具体和真实，更容易让人记住。通过案例的方式，正确地阐释原则将更有意义。不仅是对个案有意义，从长远来讲，树立程序正义的观念，对保证公正裁判，保护上诉权、辩护权，及时发现案件质量问题都具有重要意义。

3. 长远影响。一个生效判决的纠正不仅仅着眼于当下案件的解决，更重要的是通过个案的解决来树立观念。要考量生效判决所蕴含的理念对司法工作的意义到底是积极的，还是消极的。如果不纠正这个观念，对司法工作所造成的潜在危害到底有多大。通过纠正错误判决进而树立正确司法观念，能够对司法工作产生多大的正面作用。这是一种价值权衡和考量。在考量的过程中，既要体会公众的一般感受，也要注意吸收法学界的专业建议，结合理性和感性的认知，更加有利于评估结果的妥当性。

当然，审监抗仍然只是一种请求权，因此兼具了监督和救济的双重属性，最终的决定权还是在法院。审监抗的功能在于提醒，并确保审判监督程序的启动，能够引起审判机关对该生效判决的充分重视。

但是更加根本的是，通过上级人民检察院对同级法院的提抗，可以促使案件在更高层级上获得重新审视，跳出地域、区位和视野的局限，有助于法律在更大范围内实现统一实施。

通过一个不容易的程序，创造一个难得的先例和标准。

更加审慎的考量和价值权衡，有助于获得更长久的司法影响和公信力。

为什么我们习惯于一个弱势的检察机关？

不批捕、不起诉多了公安机关不高兴，我能理解；抗诉多了，确定刑量刑建议搞多了，法院不高兴，我也能理解。但为什么有些学者也不高兴呢？为什么检察机关受到削弱的时候，没人吭声，而当你找回一点自信的时候，别人却接受不了呢？

难道大家习惯了一个弱势的检察院，见不得你有一点好吗？或者一个弱势的检察院对法治的成长真的有利吗？

这是一个需要严肃思考的问题。

一、

比如，有一个很有代表性的小例子。有人说现在搞认罪认罚，检察官很强势啊，犯罪嫌疑人、被告人很弱势，很容易就被签城下之盟，就是不得不屈从于检察官的量刑建议。

我说这完全是想当然。实践中几乎是完全相反的，你问问一线的检察官,到底是谁求谁,往往是我们要签订城下之盟。

这里面有真实的逻辑。

检察机关自上而下推认罪认罚这个事,不光检察官知道,犯罪嫌疑人也知道。所以他知道你需要这个数,他会拿着你,有的甚至要求只能判缓刑,甚至只能做不起诉,你说这是谁强势?

犯罪嫌疑人之所以这么强势,在于他还知道这样的现实:检察官在量刑上说话不算数,检察官的量刑建议经常不被法官采纳。所以对量刑建议没有什么可在意的。不管你签不签具结书,在法官那里都无所谓,该从宽从宽,该不从宽还是不从宽。总之,法官不采纳检察官的量刑建议也释放了一个明确的信号,那就是量刑方面还是法官说话算数。这个信号,犯罪嫌疑人已经收到了。

而且即使签了具结书,也可以上诉啊,检察院一般也不敢抗诉,因为人家法官说了,这是滥抗诉,要保证上诉权,抗诉也改判不了。只要你说为了留所服刑,法官就信你,所以上诉只有好处没有坏处。好的还能减轻,最次也能让你真的留所服刑。

所以,犯罪嫌疑人对检察官有什么可怕的?检察官不让他满意了,他根本不会签具结书。他知道检、法在认罪认罚方面的不同态度,他也知道检察官硬气不起来。一名女检察官在做认罪认罚工作的时候,都被嫌疑人给训哭了,嫌疑人呵斥道:你以为这是菜市场啊,左一趟右一趟的,下回要是还是这事,就别来了。这就是检察官真实的工作场景。

这个情况你说学者完全不了解吧,也不可能,他们只是不习惯于检察机关强势起来。

就像一个习惯于够罪即捕即诉的侦查人员,也不习惯于不批捕、不起诉的强势,他会抱怨检察机关不打击犯罪。因为他是前手,从法律程序上很难制衡后手,但他有政治优势,他可以从政治上施加压力。

而法官就不同了,他掌握着法律优势,你的量刑建议他想不采纳就不采纳,他可以说只要不采纳的就都是量刑建议明显不当。你抗诉也没用,就是不改。认罪认罚的被告人上诉可以,你抗诉就是滥抗诉,而且肯定是不改。有的法官甚至认为可以通过上诉后发回重审的方式加刑,也就是以违反上诉不加刑原则的方式纠正无理上诉的问题,即使这样他们也不希望检察机关抗诉。

总之就是检察机关的地位刚起来一点,就给你按压下去。即使是立法给予了检察机关更多的量刑话语权也没用。

而一旦有些学者为检察机关发声,就很容易遭到同行抵制,好像是在给坏人辩护。长久以来,部分学者也以批评检察机关作为重要的学术成就,以为借此可以实现法治进步。但是在真正的强势权力崛起的时候,又集体噤声。

当然,必须承认通过批评以往检察机关所代表旧的刑事诉讼格局,可以一定程度上促进刑事诉讼结构的优化完善,促进一些法治理念的进步。不能说这种批评完全没有作用。

但这并不意味着在理想化的刑事诉讼权力结构中,检察机关只能一直处于弱势地位,或者说只有弱势地位的检察机关才能确保以审判为中心的实现。事实上,这也是一种想当然的逻辑。

二、

以审判为中心的诉讼制度改革的方向是对的,法院地位提高也没问题,但是仅靠法院一家是无法将以侦查为中心这个旧模式转过来的。

一个弱势的检察机关是制约不了强势的侦查机关的,单是证据质量就保证不了。总体来看,现在审判机关在纠正冤、假错案的力度上又有减弱的趋势,以审判为中心好像也没有那么受强调了,庭审实质化的脚步在放缓。而这些其实是更应该关注的。

但是好像过多的焦点都放在了检察机关不断增加的量刑话语权上,大家把这件事看得太重了。

首先,一般"应当采纳",是立法赋予检察机关的更大话语权,但是这只是话语权而不是决定权,因为决定权还在法院,检察官还需要法官来背书。而只有检察机关拥有了更大的量刑话语权,在与嫌疑人的量刑协商中才能说话更有分量。现在不是检察官高人一头,而是矮人一头的问题,法官的背书有利于检察官提高量刑方面的公信力。这也使得量刑建议不至于过度让步而损害认罪认罚的严肃性。

而只有通过认罪认罚的提升,将法官从繁重的案件压力中解脱出来,他们才能腾出手来更多地处理更疑难复杂的案件,通过更加庭审实质化的方式展开,更充分地体现证据裁判原则,才能真正树立以审判为中心的地位。

但是很多法官并没有充分利用这个腾出来的时间,反而还是选择在量刑的问题上较劲。我建议7个月,你非要6个月、8个月不可,这里面有什么公正可言?反而可能进一步破坏了认罪认罚的整体秩序,从而使检察官耗费精力节约出来的时间又被浪费掉。

既然能腾出手来掰扯量刑,为什么在普通案件中不能多要求几个证人出庭?为什么没有在一些复杂疑难的案件中多下一点功夫?哪怕多判几个无罪也行啊。那样不是更能体现以审判为中心的地位吗,那样不是更能凸显法院和法官的地位吗,为什么不去做呢?

因为以审判为中心是公器,而小量刑是自留地。不愿意为公器得罪人,但碰了自留地要急眼。这我也是能够理解的。

三、

但是个别学者的着急在于什么呢?对于一个已经受到巨大削弱的检察机关,现在只是刚有一点抬头的架势,为什么他们如此着急？在他们的话语体系中，以审判为中心是一种不能触碰的禁区，是一种政治正确，检察机关在量刑方面话语权的提升，似乎就是触碰了这个禁区。在他们的心目中，以审判为中心是时时刻刻处处发生在每一起案件当中的。

如果检察官提出一个确定刑量刑建议，而法官同意的话，就感觉没有法院什么事了，似乎也不再是以审判为中心了，这是他们难以接受的。

但这其实正是在为以审判为中心创造条件、腾出时间啊，只是这个腾出的时间没有被好好利用而已。

而即使是检察官提出的确定刑量刑建议，也还是需要经过法庭检验的，被告人也是随时可以提出意见的，随时都有可能转换为普通程序审理，其始终是以审判为中心、为后盾的。

检察官的强势只是为法官有效地争取时间，就像检察官在侦查人员面前强势一样，只是为了有效地提高案件质量。

检察官的强势其实正是推进以审判为中心诉讼制度改革的必然趋势，认罪认罚只是其中一环。这是中国司法改革的真实逻辑。

忽视这些真实的困境和逻辑，将检察官当作强势的假想敌，既是一种想当然，也是一种在不改变整个体制环境的前提下，要求在局部区域进行气候改造的幻想。

这是一个现实的世界，要想扭转以侦查为中心的巨大惯性，向以审判为中心转变，仅靠想象是不够的，必然要从整体上调整刑事诉讼的权力构架。这不仅仅是法律意义上的，也必然是现实意义上的，必然要触动权力的格局以及与之相依存的既得利益。

不叫疼，是不可能的。

但是历史并不相信眼泪。

在这个刑事诉讼历史性转型的过程中，检察机关必然要发挥强大的中枢作用，不经过中枢就完成转型是不可能的。这就像是变压器，要改变强大的电压，首先自己必须要具备很强的功率。这是法治发展的历史进程决定的。现在这个过程还在进行之中，审判机关还没强大起来，检察机关先强大起来了，好像搞错了似的。其实没搞错，检察机关不先强大起来，能把侦查中心的这个中心给你审判这边送过来吗？历史的车轮得一站一站往前走。

没有一步到位的改革。

以审判为中心是早晚的事，但是审判机关也要抓住关键的机会才行，通过认罪认罚送过来的时间为什么不要？这个时间为什么没有用到更加实质性的庭审上来？重大复杂案件的以审判为中心为什么没有进一步树立？这才是真正应该关注的问题。还在为一两个月的量刑较劲，还在为是否适用缓刑较劲，能较来以审判为中心吗？

不管是以侦查为中心，还是检察机关的主导作用，还是以审判为中心，从历史、现实和未来的趋势看，都不是别人给予的，而必须通过自身的努力才能实现。地位不是说出来的，一定是干出来的。

我不相信，一个在小量刑上斤斤计较、在复杂案件上得过且过的法官能够创造以审判为中心。

我同样也不指望在讨论问题上通过想当然和路径依赖就能够提出对现实有指导意义的理论框架。

事实上，批评一个想象中的强势检察机关，只是展示了一种追求理想公正的道德优势，而这种批评又由于检察机关事实上的弱势而变得十分安全。这种想象的差异可以屡屡收获廉价的道德优势收益，而安全性的差异又促成了一种批评惯性。

正如前文所说，这种批评在法治初期可能还有一定的积极意义，但是在检察机关被削弱之后，并在以侦查为中心向以审判为中心转型的过程中，检察机关发挥越来越大作用的背景下，仍然继续坚持这种批评立场，实在是既无视真实的司法现实，又无视法治历史发展的趋势。

事实上，罔顾情势变化，而继续坚持习惯的批评立场，只是在坚持收割道德优势红利。因为只有批评，才能显得更加公正和独立，而无须考虑批评的质量。

而由于这种批评日益脱离现实和历史趋势，其所收获的道德优势也只是一种假象，并无助于真实问题的思考和解决。

长期生活在假象之中必然也将日益脱离实践，并无法提高真正的思考力。

人云亦云的批评与人云亦云的表扬一样，都不是一种独立的思考方式，也同样没有任何道德优势可言。

公诉人的牙齿在哪里?

有人说公诉人武装到了牙齿。
但是我怎么没看见呢,牙齿在哪儿呢?
可能在肚子里吧,自己咽下去的。
但这并不是一句玩笑。

一、

我原来也以为公诉人在法庭上挺神气风光的。但是做了公诉人才知道,什么叫叫天天不应、叫地地不灵。

要证据公安不去取,做不起诉领导通不过,到法庭上还挨法官呲。

给公安开列了很长的补证提纲,但是证据就是补不回来,最后一纸办案说明了事,你又能怎么样?再次反思自己的提纲写得不好?

我有一个诈骗的案子，有一个特别关键的书证需要笔迹鉴定，一审公诉的时候也做了，但是没有鉴定出来，上诉人在笔迹鉴定时明显改变了笔体。没有这个证据，这个案子将陷入僵局。我就仔细研究上诉人签名的变化，明显感觉其笔体在笔迹鉴定前后发生了很大的变化，感觉这份书证上的签名与早期笔录的签名高度一致，我就又找到上诉人自己提交的证据材料上的签名，在侦查阶段的权利义务告知书上的签名，这都是其确凿无疑的签名，另外还有一份银行单据上签名，我感觉也高度一致，只是他自己不承认。我缩小包围圈，让公安就这有限的几个签名进行同一性的鉴定，公安还是推脱，说做不了，原来都做过了，鉴定不出来。

我说你甭管能不能鉴定出来，你再鉴定一遍就行！

在提交鉴定之后，又有麻烦了。说鉴定需要原件，其他都是原件，银行票据不是原件。那我说，那就辛苦您调取一下原件。

最后好说歹说把原件借来了，最后鉴定证实了上述笔迹的同一性，这个案子算是拿下来了。

这还算好的。很多时候，还要看碰到的侦查人员好不好说话，愿不愿意配合。

现在公安内部考核指标调整了，对于已经侦查终结的案件，对最后是否起诉、能否下判没有那么重视了。而且他们也确实还有很多额外繁重的任务，还要备勤，确实很辛苦，有的时候应付一下就放弃了。

有的时候关键证据取不到，整个案件都只能放弃，勉强起诉最终也要撤回起诉，或者被判无罪。

事实上，在推进以审判为中心的诉讼制度改革之后，无罪和撤回起诉的案件数量都在不断提高。

即使那些不是特别关键的证据，如果不是完全到位，在出庭的过程中公诉人也会比较难受，往往只能硬辩、硬说。

但是谁还不要点脸面呢，谁又想硬辩、硬说？

司法责任制改革已有一阵子了，不捕不诉的案子增加了很多，这就是公诉人也不想硬辩、硬说的体现。

这个时候其实公诉人的刀口是向内的，是在把以审判为中心的压力向侦查前端传递。

但是这里面还会有侦查机关反过来施加的压力，会说你打击犯罪不利，这些整体的压力放在公诉人身上，就起了一个名字，叫"不能担当"。

而且不捕不诉的案子多了，又怕检察官滥权，通过加强审核、强制上检察官联席会议等方式，将已经下放的权力回收，三级审批又面临回潮。

而且不捕不诉始终是内部监控的重点，要进行反复的复查，这就逼迫公诉人只能往前走。一方面，相对不捕不诉的适用率直线下降，轻罪的高羁押率、高起诉率，机械执法的风险加大；另一方面，对证据不足的不捕、不诉也在收紧，而侦查质量并没有得到根本的改善，这就使法庭上的尴尬局面频出。

捕诉一体好像在一定程度上增加了检察官的权力，但也只是对侦查的制约略有好转。由于权力回收之后，对侦查制约无法充分展开，使巧妇难为无米之炊的局面无法从根本上解除。

批捕权看起来是一个很大的权力，但与一般所批评的想抓谁就抓谁完全是两个概念，本质上还是一种比较被动的权力。

我办案的过程中一直有发"追捕追诉"的习惯，也得到了领导的认可。但是有一次我又提出了一系列的追诉意见，一位老领导当时就说，这个思路挺好的，但就看公安给不给你干了。

这才是关键，因为抓人的权力并不在我们手里，如果侦查不好好落实我们就一点招儿也没有。

那位说，你不是可以搞侦查监督吗？

事实是，纠正违法发多了，其效果也会边际递减。我刚上班那会儿，发一个纠正违法真能让一个警察脱衣服，就是离职。但是现在很难了，其取决于公安机关对纠正违法的整体态度和它自己的评价机制。侦查监督只有转化为公安自己的评价机制才有效。

这个时候监督的效果，甚至还不如不捕不诉的制约效果明显。但是现在权力回收，公诉人刚有的这一点权力，现在也快没了。

二、

那审判监督呢？

那就更难了。审判监督的结果更是取决于法院的态度。

抗诉只是启动一个审理程序，改不改判，还是在于法院自己。即使抗诉得有道理，但法院就是不改判检察院也没有办法。

我就听说一件事。一个抗诉案件，几乎所有的审委会委员都同意检察机关的意见了，但是刑庭庭长说，这不是案子的事，这涉及我们的量刑权问题。好，又都同意承办法官的意见了。

而且启动抗诉程序的成本很高，轻易启动不了，这和上诉的成本完全不一样。

即使你费了很多的力气，但法院就是不改判也没有办法啊。那种一抗再抗，一路抗下来的案子屈指可数。

我曾经发了一个再审检察建议，因为很少有人发过，问谁都不知道，就向一位老同志咨询：会不会有反馈？怎么反馈给我？他说，除非再审，否则没有反馈，但是能够启动再审的案子是极少的。即使我的再审检察建议书写了十几页，收集了那么多的证据，也是如此。

我认了，只要有希望就行啊，尽了力就行啦。

你们只看到过法官训斥律师，没有看到法官训斥公诉人吧。实际上对年轻的公诉人而言，这也是常事。

法官在开庭中也经常限制公诉人的发言，辩护人提出质证意见之后，就不让公诉人再解释了，要求留到法庭辩论阶段再说。但是对证据的印象一旦形成是很难动摇的，这时候公诉人就得抢着说。因为到了发表公诉意见的时候，谁又能记得住这些细节？

随着年龄的增长和经验的丰富,我现在被法官训斥的机会也越来越少了。

但是也不能完全避免。记得有一次开庭,我们在庭前做了准备,补充了几份证据,而且让公安单独订了卷,庭前很久就移送法庭了。感觉准备还是很充分的。

我还很礼貌地在开庭之前和法官打了一个招呼,说一会儿有点新证据要出示一下。

他说:哪有新证据,没看到有新证据啊?

我说:有啊,有一本卷呢。

他说:肯定没有。

我说:不会,您找找。

他翻了翻卷,说没有。我一听都傻了,以为把卷弄丢了呢,脑袋嗡了一下。但是很多当事人家属在旁听席就座,我还得强打镇定。我小声问我的书记员,打回证了吧?得到肯定的答复之后,我才有点踏实。我心里想,责任是一方面,要是丢了,案子怎么办呢?还有这么多人看着呢。

我跟助理说,你帮他找一下。助理从法官那一摞卷宗翻了两下,抽出一本薄卷,说在这儿呢。我的心才放到肚子里。

旁听席的家属就这么大眼瞪小眼看着呢,法官脸上有点挂不住了。就问我,之前怎么没跟我说一声?

我说庭前很早的时候就把卷给您送过去了啊。他又说,你没有和我单独说一声。

助理在旁边嘟囔，自己不会看卷啊？我稍一摆手，示意他别说了。

虽然，心里有很多的不爽，但是我还是说，对不起，是我们工作不到位，没有提前单独跟您说一下。

法官还是不爽，拿着这本薄卷，就问我：你们有示证提纲吗？

我说这是二审案件，就几份补充证据，因此就没有专门做示证提纲，在其他法官庭上，也出示过补充证据，都没有要过提纲。我们下回注意。

法官还在说，你没有提纲我怎么主持庭审啊？

我继续说：对不起，我们下回注意。

助理跟我说，他自己列了一个简单的提纲。

我赶紧说，我们这有一个简单的提纲，您看先用这个行不行？

法官拿出去看了看，说你这个不规范，没有写证明事项什么的啊。

我说实在抱歉，我们就几份证据，之前不知道要示证提纲，我们下回注意，证明事项我们出示证据的时候就会说。

助理坐在旁边快要急眼了，我赶紧按住他。

我心里想，一定不要在法庭上发火，不管什么原因——因为那样我们也跟着丢脸。

我继续说：实在抱歉，您今天先用这个吧，没几份证据，我们下回注意。

最后终于开庭了,到了要出示证据的环节,法官也有点不好意思了,问我:你们还有提纲吗?

我说:没有了,就一份,给您了。

他还问我:那你们怎么办?

我说:没事,就几份证据,我直接出一下就行了。

倔强的助理在旁边补了一句:我再写一份,果然,他正在手写一份呢。

所幸庭审还是顺利的。

助理回来跟我说,刘哥,今天要不是你按着我,我当时就跟他翻脸了。难道他自己不看卷吗?就这么几页纸还要示证提纲?

我说:永远也不要在法庭上跟法官翻脸,那是法庭,我们一定要尊重法官的权威。我们得给他台阶。而且我们翻脸就让人看笑话了,到时候我们也跟着丢脸,我们要保持克制,明眼人都知道是怎么回事。

助理问:那以后所有的证据,都要有示证提纲吗?

我说:不用,给别的法官,反而还让人觉得奇怪。示证提纲不是必须的,即使有也是我们用来方便出示证据用的,而不是给法官用的。我们要出示的是证据,而不是证据提纲。而且就那么几份证据要提纲干什么?你要知道真正的规则是什么,不要蒙了。这只是法官在找台阶,你要能够领会他真正的意思,包容他的怒气,让庭顺利开下去。这才是最重要的。

也许这就是我们的牙齿吧。

长在肚子里的牙齿。

三、

还有人会说,牙齿主要是体现在和辩方的对比上。

公诉人可以调动国家资源,前文已经分析了这个资源调动会有多么的困难。

同样在证据调取上,很多辩护人能够调动的资源一点都不少。除了常规的证据之外,他们还能经常举行高级别的专家论证会,这也是一个重要方面。

而且在舆论攻势上辩护方也有自身的优势。我有一个高检院督办的案件,由于之前领导要求不能对外说任何话,虽然庭审中我们是占优势的,但庭后并不能接受采访。我只能拒绝记者的好意,看着辩护人一个人接受采访,记者都按照辩护人的逻辑回去写稿子。

对于这种重大复杂的案件,还有一个督办制度,三纲一词都要层层审定,即使在庭审上有任何变化,公诉人也不敢超出既定的出庭方案。所以在被告人、辩护人即兴抛出一个问题的时候,很多年轻的公诉人会在法庭上翻材料,其实他是在翻答辩提纲,他不敢超出既定的范围。

有一个大案子,庭审上有了新的变化,最后一名资深的公诉人即兴来了一段总答辩，没有完全按照既定的套路来，虽然效果很好，但是还是被批评了。

他顶回去一句：是你出庭，还是我出庭？

但是这样的公诉人太少了，我们都是在戴着锁链跳舞。

但是辩护人没有这样的锁链。同样水平的同学，分到法庭两侧，几年之后你会发现他们有很大的不同，辩护人即兴表达能力更强，他们背后有一只无形之手在推着他们往前走，重要的是他们没有公诉人的锁链。有些公诉人在检察机关这边的时候放不开手脚，但是转行当了辩护人却火力全开，感觉完全变了一个人。

而且很多律师还拥有相当的社会地位和影响力。可以直接跟你的领导的领导说上话，你跟他怎么比？还牙齿呢！

即使在被告人面前，公诉人也并未体现出更多的优势，在认罪认罚的教育转化和量刑协商这两点上显露无遗。有些女检察官甚至会被气哭。我们倒是想硬气一点，但法院不给我背书，不让你硬气啊。

原来我们的牙齿长在别人身上啊。

而那些说公诉人有牙齿的人，才真正长着话语权的牙齿。

公诉人虽然代表国家，但他真正能够调动的资源是极为有限的，其所能行使的权力是受到高度约束的，而且还在不断回流的过程中。他所能施加的影响力是极为有限的，晋升的空间也很有限，因为他终究只是普通的个体。

虽然有极个别的案件是倾国家之力在办，但是这是极为罕见的，历史上也屈指可数，而且这也体现在国家机器的整体表现上，也不是体现在公诉人的个体上。

而大部分案件，都不会动用那么多的国家力量，只是占用个别侦查人员和公诉人的部分工作时间而已，这也是他们仅能调动的力量。一个公诉人和一名侦查人员每年所办的案件数以百计，而很多辩护人每年的办案量可能只是他们的十分之一，而且只要经费够，还可以聘请更多的助理。因此在时间和精力上，在对单个案件的投入上，辩护人反而更占有绝对的优势。

更不要说辩护资源是真正的全国配置，可以在全国各地代理案件，完全遵循市场化法则。因而可以实现资源的大规模优化配置，甚至还可以直接体现为名与利的回报，激励机制更加公平和明显。

虽然也有人一再呼吁公诉人进行跨区域的调配，但是实践操作困难重重，人大任命这一条，就使公诉人都禁锢在自己的岗位上。

在具体的个案上，辩护方可以从全国调集兵力，而本地的公诉人就显得力不从心。在局部力量的配比上，反而是天平倒转，辩护人实现了优势兵力。

这才是真实的实力对比现状。

真实的实力从来不是写在纸上的，也不是存在于想象之中的，而是体现在每件真正的案件之中。

而且随着这几十年司法改革的推进，刑事诉讼法都改过好几轮了，刑事诉讼格局已经发生了翻天覆地的变化。现在公诉人绝不是戴着大盖帽和法官坐在一起的那个人了，那个时代一去不复返了。

人权保障水平达到了新的高度，律师的政治、经济和社会地位都有了显著的提升。当然不得不承认，现实中辩护权可能还有保障不到位的地方，但是从另一个方面看，公诉人的权力也有很多保障不到位的地方。在这个意义上，公诉人并无任何优势可言。

反躬自省，也许公诉人真正的优势还是肚子里的牙齿。不仅是涵养，更是由于更多案件的历练，可以实现更多的经验积累，有点像医生看病，熟能生巧吧。也就是这个业务水平的内功，可能才是公诉人真正的牙齿。这也是公诉人转行到律师团队，对方看中的地方。

因此，那些公诉人武装到牙齿的理论，其实只是把历史想象为当下、把文本想象为现实、把整体想象为个体、把西方想象为东方、把以为想象为事实的一种想当然，是一种带着优越感的俯视姿态。虽然现实发生了变化，但是并不是所有人都愿意更新认知，而有些人只是选择视而不见。

我们并不能改变别人的认知，但是我们一定不要忘了，真正的牙齿到底在哪里。

自身的强大才是真正的强大。

不仅是集体意义上的，更主要是个体意义上的。

为什么程序法定原则会被人遗忘？

前几天我发表了《单位犯罪能否做认罪认罚》这篇文章，其中提到的一个观点就是刑事诉讼法应当规定单位犯罪案件的审理程序和办理程序。

有同事提出了观点认为，司法解释能解决的就无须修改刑事诉讼法，以保持法律的稳定性。

我说这不是稳定性的问题，这涉及程序法定的基本原则，因为司法解释针对的就是刑事诉讼法的规定，而刑事诉讼法完全没有规定的东西，你怎么解释？不能将司法解释当立法用。

他说：刑事诉讼法规定了被告人，而单位也相当于人，所以实际上就是对被告人这个规定的解释。

我说：单位是拟制人，还是跟自然人不完全一样，这也是司法解释为什么要单独规定一章的原因。这种人与人的差别，也需要法律明确的规定，仅有司法解释是不够的。

他还坚持说，现在也没有影响什么事啊？

我说这才是真正需要关注的问题,对于刑事诉讼法的长期疏漏没有关注,把司法解释当作立法了事,那还有程序法定原则吗?而且单位犯罪的审理程序必然还涉及诉讼代表人,甚至对有些诉讼代表人还可以拘传。对这种涉及人身权利的重要程序,在刑事诉讼法没有任何规定的情况下,就由司法解释规定,这样合适吗?而法定代表人往往被抓起来,这时候的诉讼代表人往往是其他人员。

他说:公司法有规定,在缺少法定代表人的时候会有新的产生程序,既然担任公司的相关负责人,他就应该知道其需要承担的后果。其他诉讼代表人,也不是检察机关指定的,而是由公司确定的。所以让他代表公司履行诉讼义务没有问题啊。

我说:这是民事法律规定。我们现在说的是刑事法律规定,刑事法律中的程序法定原则,与罪刑法定原则一样重要。涉及刑事诉讼重要程序的,应该由刑事诉讼法规定,这不是司法解释能够解决的。

我们到底在争论什么?我们真正的争论焦点就是,还有程序法定原则存在吗?哪些是必须由刑事诉讼法规定的内容?哪些是可以由司法解释予以补充完善的内容?

好像,大家对罪刑法定原则都有比较清晰的概念。

大家都知道,司法解释既不能创设一个罪名,也不能超出立法本意,将一个完全不相关的行为归到一个罪名当中,也就是再怎么解释也不能适用类推。这就意味着保留了刑法网的缝隙，这些缝隙只能由立法来填补，不能由司法机关来自行填补。这也是立法权和司法权的基本界限。

如果司法解释可以填补一些法律漏洞，可以通过解释的方式把所有司法机关认为应当处罚的行为都纳入犯罪圈，那要立法有什么用？

为什么罪刑要由法律来定？因为法律是通过民主化、代议制的方式体现的国民意志，是一种社会共识，只有这个共识认为某一种行为需要处以刑罚，才可以动用司法权去追究。因为刑法的动用涉及公民行为的边界问题，它不仅仅是专业问题，也是价值权衡问题，需要多数人的意志才能决断，而这是立法的范畴。

不是说司法机关不专业，它在法律专业知识的研究上也非常专业，但是专业能力代替不了民主化决策程序和民意基础，因此其只能适用法律但不能创设法律。

罪刑法定的"罪刑"是法律，不能随意创设。同理，程序法定的"刑事程序"也是法律，也不能随意创设。

因为刑事诉讼程序涉及对重要权利的剥夺和侵犯，既关系到罪刑法定原则的具体落实，也关系到公民基本权利能否得到切实保障，因此也同样不应由法律以外的规则轻易创设。

比如，我在《单位犯罪能否做认罪认罚》这篇文章所提到的单位犯罪审理和办理的程序问题，这显然是一个基本的刑事诉讼程序，理应由刑事诉讼法明确规定，不应由司法解释规定了之。

但是通过与同事的争执可见，并不是所有人都认为这件事有多严重，实际上大家对程序法定原则的认识非常模糊，其知名度要比罪刑法定原则差远了，而且即使提出来，大家也很难确定这一原则的边界。

那，什么样的程序应该由法律规定？什么样的程序可以由司法解释规定？这并没有特别明确的界限。

事实上，每次刑事诉讼法修改完，两高都会出台自己的程序性解释，为什么不能够由刑事诉讼法尽量地一揽子解决？

尤其是单位犯罪这种整章的规定，完全是在刑事诉讼法之外又创设了一套规则。

但是刑事诉讼法也有责任：为何规定得如此粗疏，以至于需要司法机关进行大量的填补工作？

这里面既有长期以来重实体、轻程序的理念问题，也有我们长期对程序法定原则缺少研究的原因。

罪刑法定原则在刑法中拥有显赫的地位，刑法学者对它的研究不厌其烦，在教学的过程中也会一再强调，导致罪刑法定原则的大普及。凡是受过法学教育的人，基本都知道这个概念的基本含义，因此很容易达成共识。

但是程序法定原则是非常模糊的，如果凡是程序就要法定，好像也不现实，因为需要规定的程序好像也太多、太细了。

可是你要说哪些必须由法律规定，哪些可以由司法解释规定，又好像二者之间根本没有什么严格的界限。

更不要说之前的劳动教养和强制医疗，这些长期剥夺人身自由的程序也曾经长期游离于法定程序之外。

很多改革也会突破法律的规定，比如普通程序简化审改革、暂缓起诉的改革。当然，后来有些被法律所吸收，但是在此之前并无法律的依据啊。还有一个重要的程序性规定——两个证据规定，这其实涉及很多重要的程序规定，这些是程序创设还是解释吗？虽然已经部分为法律所吸收，但是没有吸收的部分依然也在施行。

有的人会说那些突破法律的规定是保障人权的，所以问题不大。但是由谁来衡量这个程序的风险性，又由谁来界定程序法定的边界呢？

甚至有些法律解释还公然规定，通过发回重审的方式加重刑罚，明显地违背上诉不加刑原则，但这又应该由谁来限制？

为什么程序需要一个法定原则？因为出台一部司法解释、规定的严谨程度要比修改法律的严谨程度差多了，民意基础更是根本性的差异。

这也导致了一般的司法解释或者其他文件规定可能产生的疏漏更多，如果由其产生创设法律的实质功能，将使得整个社会规则失去必要的稳定性和秩序性。

而且也会使人们逐渐失去追求法律完备的动力，既然能用绕开法律的方式解决，谁还要惹这个麻烦？

这就使程序法定原则陷入虚无状态，变成说不清、道不明、用不上的状态。

所幸,最近几年认罪认罚制度还开创了立法授权试点的先例,从形式意义上尊重了程序法定的原则。

事实上,这应该成为以后重大程序性改革的基本模式,非经立法授权,不应绕行。

笔者建议:

1. 有必要对刑事诉讼法和相关程序性解释以及规则进行一次系统体检,需要纳入刑事诉讼法的及时纳入进来,需要清理的赶快进行清理。尽快系统纠正以司法解释和文件代行刑事诉讼法的现象,树立程序法定的权威。

2. 在清理的过程中应该对程序法定的边界进行逐渐的厘清,从刑事诉讼法学研究的角度确立几条原则,以后再有类似司法解释出台,都应该用这几条原则检验一下,看看是否过关。

3. 在程序法定原则中应建立反对类推的规则。比如在前述文章开头提出的,明明没有规定单位犯罪,但是通过被告人和被告单位等价的方式试图将现有的司法解释和刑事诉讼法挂上钩。应该从法律原则上避免这种牵强附会的情况出现。

4. 刑事意义上的程序法定与民事意义上的有所不同,应该明确两者的差异,避免将两者混淆。比如公司法上有法定代表人的相关规定,就认为司法解释中关于诉讼代表人及相关刑事程序的规定就存在法律的依据。

5. 在刑事诉讼法学的研究和教学中,有必要进一步强化程序法定的重要地位,促进该理念内涵的普及。

6.建立程序法的解释体系,不能简单地用刑法解释体系对程序法进行套用,毕竟两者在逻辑结构上存在很大的差异。

事实上,程序法定的模糊状态也是刑事诉讼法学整体混沌的重要原因之一。

程序法定原则不应被遗忘,就像权利不应被遗忘一样。

人数与公正性

有读者提到一个问题：在认罪认罚案件中，由于量刑建议是检察官一个人提出来的，相比于多人组成的合议庭更容易产生盲目性和随意性，因此需要研究如何避免。这个问题似是而非。事实上，之前也有法官持有类似的观点。

在这里先不说大部分认罪认罚案件是采用独任审判的方式完成的，在人数上实际上是1：1。就说一个检察官对一个合议庭这种形式，是否就说明人多就意味着公正？这涉及司法工作的特殊性，颇值得做一番思考。

一、

按照这个道理，那是否意味着如果一个案件中参与的检察官多于法官的话，那就表示指控方更公正？就按照检方的意见判决就行了？如果是这样的话，那司法工作不就简单了吗？它就变成了人力资源比拼活动。事实上哪有这么简单。

但有些领导就是这么认为的,对一些复杂敏感案件要组成专案组,就是要多投入人手,不惜代价,好像人数越多办案质量就越高。但事实上,再多的人力投入也需要所有的证据事实集合在一个人的头脑中,才会形成所谓的内心确信,才会得出完整的结论,才能履行主要的指控职责,才能根据全案的事实提出量刑建议。因为所谓心智,是个体意义上的,而不是集体意义上的。

这时候过多的人员并没有意义。我就听有些年轻人说,在这种组里,即使他的活干完了也不能走,就是耗着。

事实上,虽然专案组、协同办案组中的检察官人数多了,但最终还是要以一个人为主,这种人数的多只能分担机械性的劳动和简单的智力性劳动,在综合判断上还是需要一个人的头脑。当然这是由检察一体化的领导体制决定的。

但你据此说案子就是一个人决定了,其实也不全对,因为即使一个最简单的办案组里也有检察官助理和书记员,他们虽然不具有完整的检察权,但是他们也要协助审查证据,甚至有些审查报告就是助理打的,事实上很多案件也是有商量的。

我还是书记员的时候,就会提出自己的意见,而且凡是我打的案件,基本都是按照我的意见办的。独立办案以后,我也非常尊重助理的意见,也不会武断地否定。在这个意义上,检察办案组的工作也是有某种协商机制的,而不是单纯地由一个人决定。

二、

再说合议庭的问题,一审的合议庭绝大部分是由一位法官和两名陪审员组成的。这就是合议庭的基本构成。虽然合议制比检察官办案组要民主一些,但可能也仅限于定罪和重大事实方面。就像西方的陪审制度一样,陪审员主要掌握的是定罪权。而量刑权太专业了,即使在西方也是法官一个人决定。在这个问题上,法官的人数只能等于或小于检察官的人数,但这是否意味着盲目性和武断性的增加呢?

虽然我们国家没有将陪审员的权力仅限于定罪,但是由于在案件事实的把握深度上,比如在是否完整阅卷、对量刑细节性事实信息的掌握程度上要远远低于职业法官。在证据标准和法律规定的掌握上也难以与法官相比。因为量刑是个技术活,加加减减,并不是完全凭感觉,还要计算。这就导致了虽然是合议制,但在量刑领域仍然是法官主导的。

这与检察官办案组没有什么本质的不同,其他人的意见仍然只是参考,仍然需要一个人做出量刑的心证。

而事实上,从司法实际情况看,对于像认罪认罚这种简单案件,很多时候其实是法官助理在起草判决。我刚上班那会儿,简单的判决甚至是书记员写的。他们可能才是量刑工作中这些基础性事实和情节的真正梳理者,法官只是把一个方向。而陪审员在这种专业性问题上又有什么决策空间?

从这个意义上说，在量刑问题上，检察官和合议庭之间，既是一个人又不是一个人，总之在人数比上没有什么本质的差别。

三、

那差别到底是什么，或者说这个问题的本质是什么？

其实，这位读者是想表达法院的审理方式要比检察机关的审查方式更审慎，别的理由没说出来，就拿人数说事。因为人数看起来直接，但事实上人数并不是根本性的问题。

而且从本质上看，在司法问题上多个人并不比一个人高明。

这是因为司法是一个创造性的劳动，不是机械化作业，规模优势没有意义。

每个案件都有它的特殊性，即使看起来平淡无奇的盗窃案，即使偷的东西都差不多，但也有起因上的、被告人成长经历上的、案件事实细节上的差异。甚至被告人的态度和性格，也会对量刑产生影响。因为司法官要综合这些因素，才能对被告人的改造进行预判和评估，并以量刑的方式体现出来。

司法是人对人的裁断，不能用人对物或物对物的逻辑进行评判。

因为，我们办的案子确实是别人的人生，我们必须综合理性和感性予以全面评判。

而对理性和感性的综合只有一个人的内心才能够做到，它不是民主决策，多一个人投票也不会增加科学性，这就是自由心证的特殊性，它就是一个人的内心确信。

在量刑建议和具体的量刑上，其实就是检察官的自由心证与法官的自由心证谁更公正的问题。

在个人素质和能力上，两者并没有差别，司法组织模式虽然在表面上有所差别，但实质上差别也不大。

四、

那差别在什么地方呢？

差别就在于是否经过法庭的审判：法官是居中的，检察官是指控方。就像切蛋糕的人后拿蛋糕一样，也是一种程序正义的保障。法官就是比检察官多了这个程序正义的保障，这就多了一份公正的可能。

另外，从职权上看，法院是后手，后手从职权上有权决定对前手的决定是否认可，这是一种程序性的认定。就像二审法院可以推翻一审法院的判决，但是一审法院无法推翻二审法院的判决一样。这是一种法律的认定，但据此要说二审法官一定比一审法官更加高明，一审法官也是不服气的。

同样，就因为判决可以推翻指控，或者法官可以不采纳检察官的量刑建议就认为前者在量刑上一定比后者更加高明，这本身也是武断的。

在经验上，目前检察官的量刑经验一般不如法官，但这只是时间问题，就像说年轻的法官没有经验一样，并不意味着他永远没有经验。

本文讨论的问题最有价值的地方其实是它揭示了司法工作的特殊性，那就是精英化和专业化的问题。

司法工作就是通过少数司法精英的自由心证来裁判纠纷，来判定刑罚。它不是通过民主化的广泛投票的机制，那是立法模式。立法决策是长期的、普遍性的规则，需要通过投票来反应多数人的意志。司法，尤其是量刑反映的不是多数人的意志，而是对既定法律规则和案件事实特殊性的准确考量，包括对情理法的综合把握。人多了也没有用，它是解决一个一个的具体问题，需要一个人内心的权衡。

司法的公正性不是靠人数，而是靠程序。

比如控审分离、控辩平等、控辩审的三角构造，通过审级形成的救济制度，通过诉讼规则、证据法则形成的程序化、动态平衡的公正模式。

司法不是靠人数取胜，而是靠程序设置取胜，它是一种程序正义。

为什么法官是公正的？因为有程序保证，是法律规定的，但不是由人数决定的。

那为什么认罪认罚案件一般要采纳检察机关的量刑建议？那是因为检察官在公正适用法律方面的能力上与法官并无差别，

法律希望法官信任检察官的这份公正性，从而才能共同促进司法效率的提高，并为以审判为中心的司法改革提供司法资源保障。

这种"一般应当采纳"的立法本意是信任，而拿人数说事的本质是制造一种不信任感，从而使认罪认罚的立法目的落空，达到的就是一种维持现状的目的。

但是历史从来不以人的意志为转移，而且不要忘了，立法体现的是多数人的意志。

制度定力

今天重读《薛兆丰经济学讲义》,看到关于耐心的阐述,很受启发。

他说:耐心源于人的想象力,对未来收益的预期和想象。这种耐心也会形成一种文化。

确实,这种阐述在推行改革当中颇有启发性。很多制度都很不错:司法责任制、认罪认罚、公益诉讼、以审判为中心,只要长期坚持都会有所收获。但是如果抓一阵松一阵,干一阵注意力就转移到别处,就难以获得长期的成效。

因此,推进制度的完善也需要耐心,可以叫制度定力吧。

就是长期推行一两项改革,不以负责人的变化而转移注意力,注意力像激光一样集中,就必然有成效。

重庆推行认罪认罚就是很好的例子,他们持续不断地推,就可以使这项制度深入骨髓。这不仅是数据层面的问题,他们使这项制度已经深入司法者的意识层面,把这种理念融入司法者的血液当中。

其实,我仔细品味,感觉也并没有什么妙招,只有坚持二字。

说到坚持,其实也是最难做到的。

不要说一个地区,就是一个人常年坚持做一件事,不放松,不断提升要求,都会有所成就,无论是读书、写作还是跑步,都是如此。

这个道理很简单,这就是时间的累积力量。就像罗振宇说的,要做时间的朋友。

但是放在一个机构,要让它常年坚持一两项改革,常抓不懈,不要说十年二十年,就连三年五载都很难。

因为每一任新领导都想试试自己的一套思路,萧规曹随是了无新意的,完全是中央的规定动作,感觉也没有创意。

但是真正有战略价值的改革并不多,而这些改革的战略属性决定了它们不是短期内能看到成效的。

这就像修铁路一样,开山挖洞铺路架桥,可能要耗费几代人的心血,不是短期内能够看到效果的,但是一旦路网完成,它就会对国民经济产生基础性的价值。"两弹一星"也一样。

我们一直以为互联网都是快消品,速生速死,但是看看腾讯和阿里已经多少年了。光微信这一个产品,这都多少年了,你才看到它真正的使用价值。

真正的改革必须有战略定力和制度定力,否则一定干不好。

就像司法责任制改革,从主诉制改革以来已经20年了,走走停停，它在这轮改革中被作为核心推行。但是现在又面临审批制回潮的风险，我们对它的重视程度也在下降。

在每一次重大冤假错案之后，都会提升一次对司法责任制的期待和反思，但随着冤假错案的远去，注意力又日渐消散。

以审判为中心也一样，它同样被赋予了法治变革的重大期待，但是对它的关注度也在下降。

现在认罪认罚被高度重视，但是当上层关注度降低之后，我们还能不能继续这么努力？

而我们的重视程度下降之后，这些改革还能不能自发地推行与完善？

虽然这些制度有些写入文件，有些甚至写入法律，但是都无法阻挡上层注意力的变迁。这是制度难以持续完善的根本原因。

破解之道只有一条，就是让它们产生内生性动力，成为不再依赖行政命令驱动的制度性变革力量。

制度变革必须让制度的基础适用人获益，比如认罪认罚必须让检察官减负，这样检察官才能愿意用。简单来说，去审查报告化，速裁案件可以不用撰写审查报告，这个检察官和助理会发自内心地支持，这样它就有生命力。而有的地区原来可以不写，后来又让写，自然就挫伤了内生性动力。

内生性动力一旦被挫伤，就不具有制度的生命力，因为行政的注意力永远是有限的。

同时还要建立促进制度完善的荣誉激励体系。也就是既然干了在大局上、战略上有意义的活，就应该有说法。这个说法要形成制度。比如案例制度、判决书的说理性，这么多年已经不怎么强调了，但是还是做得很好，还在往前走呢！这和《刑事审判参考》持续不断地出版有关系，那里面既有案例也有优秀判决书选登，所以法官们写判决总有个盼头，再加上判决书的公开，把这事又做大了。为什么英美法系的判决书就比大陆法系，包括我们国家的判决书内容更丰富，而且经常会产生里程碑意义上的法学理论？这与判例法制度是紧密相关的，判决就是法官的作品、就是法官的职业生命，而且将产生先例作用，如果写得好就会一直被别人引用。而如果写得更好还能推翻前人的判决，树立自己的先例。这就构成了他们的激励机制。所以你不用告诉他们判决书要写得有说理性，他们都会拼命写得有说理性。

　　我国虽然不是判例法国家，但是典型案例的指引作用仍然是非常重要的。以前是《刑事审判参考》，现在两高有指导性案例。自己有一个案件能够入选全国指导性案例，这是多么大的荣誉！为了这个司法官也会好好办案子。

　　但重要的是我们的指导性案例太少了，很多时候是遥不可及的。不像英美法系，几乎每份判决都会成为先例，所以每一份都要认真写。

　　我们筛掉的很多案例有时也很有意义，即使辐射不到全国，在全省、全市、全县也还是有意义，而只要它有一点意义，就应该筛选出来，这就是一份荣誉激励。

我们在推进认罪认罚的过程中，就一直注意推典型案例，因为我们必须给大家一个说法。

以往的案件质量评价标准都是围绕诉讼监督构建的，对于认罪认罚这种四平八稳的案件，就没有加分项了，就很难成为A类案件了。当然这个体系也要完善，我们也将认罪认罚的标准纳入进来了，但是改革的周期比较长。

大家必须看到一些现实可见的利益。比如，系统内的平台转发一些典型案例、工作经验，甚至调研文章。

总之，传达的一个信号就是：这个活不会白干，你的经验成效会被记录。半年的时间我们编了60多篇典型案例，我们还考虑每50期汇编成合集，在网上发布。

虽然这只是点滴的工作，但是能够传达一种制度的定力，让大家看到我们一直在关注。

这就会潜移默化地产生一些内生性的动力，比如在疫情期间还有人投稿认罪认罚典型案例，只要符合标准我们基本也都编发。这就说明大家没有忘了这个事，形成了一种习惯。

如果一个系统内，每十个人中有一人写过认罪认罚的典型案例，他们就会将这种小小的经验和成就感传递给他们的同事，他们的助理。而如果我们能够将认罪认罚这个典型案例一直编发下去，编发成百上千期，这项制度就会融入大家的血液里并成为一种潜意识。成为他们自己想干的事。

当然这只是一个很小的例子,事实上构建荣誉体系还有很多这种微小的制度设置,但只要我们形成惯例和习惯,就可以像文化一样传承下去。

虽然《刑事审判参考》的主编已经换了很多人了,但是它坚持了几十年,我确信它还会一直坚持下去,因为它已经形成了一种不成文的制度安排,成为了一个荣誉体系,成为了一个激励体系。如果它被取消,那很多法官是无法接受的。

这就是制度定力的本质,其实是制度与人的结合,这个制度不是文本意义上的,而要成为习惯意义上的,或者融入使用者的利益框架当中,能够在完善制度的同时让他们有获得感。或者仅仅通过个人利益的追求,个人荣誉的获取,就可以在潜移默化之间推进制度完善。比如移动支付,当我们习惯之后,它就已经成为了一种生活必需品。

因此,制度定力有三重境界,第一重是领导层的长期关注;第二重是文本化、制度化;第三重是成为习惯和自身利益的一部分。

但是不管哪种境界,我们追求的都是一种长期主义的力量。

我们要知道,那些真正重要的东西,都需要长期主义的力量。

法治的走向

从人治向法治的变迁,是人类文明的巨大跃进。

这就像从手抄本向活字印刷的转变。

原来那些含混的谋虑、策术,现在可以通过法律的形式进行记载,不会因人因事而异,不会因为转述、传承而发生错漏。

一、累积

更重要的一点是,法律制度可以通过修订的方式不断完善,社会治理的智慧有承继的载体,可以实现社会文明成果在规则意义上的累积。

只有能够有效累积的文明才能得到更快的发展。

在没有文字的时代,社会文明通过史诗的方式进行累积。史诗不仅是故事,它里面还有伦理、传统、风俗、社会运行的规则以及文化认同。各个主要文明社会阶段都会有史诗,有没有史诗几乎是判断一个社会阶段是否具备重要文明的标志。

有文字记载的时代,又会以典章制度、历史记录、经典著作等方式记录社会治理的规则和模式。

在法治社会之前,社会并非没有规则,只是规则的演化和发展缺少稳定性。规则的建构和发展容易被随意性打断。规则的进化得不到有效的积累,即使有积累也是非常缓慢,有时还容易发生倒退。

法治最重要的作用,不是解决了有法律可用的问题,而是解决了法治文明成果可以累积的问题。

只要能够不断地添砖加瓦,起点并不是真正的问题。

就像跑步,很多人说自己是零基础。那也没关系,每星期多跑一百米,四年之后也可以跑半程马拉松了。关键的是你要一直跑。

二、方向校正

法治的关键也是一直向前跑,不开倒车。跑得不快没关系,关键是要一直向前。

法治虽然相比于以统治道术更有规则性和系统性,但仍然是一种可解释性很强的自然语言。

因此,解释法的时候,才是真正检验一个社会是人治还是法治的时刻。

如果法律可以被任意解释，那法治只是穿着法律外衣的人治。所以才有法律理论存在的必要，它是法律的灵魂和价值观。

其实，所有对法律的理解都体现了一种价值观，但是这种价值观如果背离了常识常情常理，就意味着违背了法律的伦理属性，也就是背离了法的道义基础，就是一种恶的解释。

而如果解释违背了法治的发展方向，或者正好与法治发展的方向背道而驰，这种解释就会成为一种倒退，将影响法治文明的正向累积，也就是容易将法治大厦盖歪了。

我们知道，盖歪了的那一层可能并不明显，但是后续在已经歪了的基础上继续累积才会产生真正的危险。积累到一个临界点，整个大厦都会轰然倒塌，甚至把没有盖歪的基础也砸塌。

这也是一种累积效应，在错误基础上的累积将放大本来的错误。

正因此，盖楼的时候，要用一条垂线时时校正，古代航海的时候有罗盘，陆地旅行要有指南针。

在建构法治文明的时候，不可能永远没有误差，但要有校正的机制才能保证战略方向上不走偏。

三、进化算法

法治的进一步发展将是一种进化算法。

进化是由选择构成的，将适应性特征选择出来，就成为物种演化的方向。

法治的发展也是由一系列选择构成的，通过每一个法律从业者的行为，通过公众的意见参与，通过一系列判例、法案的方式而不断演化、迭代。

这种迭代进程不是线性的，而是指数性的、波动性的。

但是总体来看，通过与互联网的技术结合，立法、司法、算法将得到进一步的融合，实现自组织性迭代。更多的算法将发挥法律的功能，更多的法律将有类似算法的演进方式。

新的价值主张将通过裂变方式得到传播，法的累积效用将加速，实际上是法治的进化将不断加速。

由于时间观念的变化，公众对法的不稳定性的容忍度也得以提升。

正因此，成文法的更替频率将增加，通过案例建立规则的趋势将不断加强，司法解释及相关文件补充法律的现象将不断增多。社会的规则建构意识将整体提升。

规则建构将逐渐成为一种社会自觉。社会自觉地通过建构、完善、调整规则来解决问题，实现法律制度的选择、重组和演化，进而实现法治的进化。

法治进化的自组织程度将不断提高。

但是法治的发展水平仍然受制于社会整体的发展水平和公民个人的认知水平。

我们经常只能看到眼前，看不清长远的未来。我们只能看到一段规则的一段含义,看不到一段规则在法治体系中的作用。

我们的方向还会经常迷失,我们的航向还需要不断确认。

主要是因为我们的法治认知还缺少坐标的概念,我们的法治观念还停留在静态水平,也经常是线性思维,就事论事,头痛医头,脚痛医脚。

格局和视野才决定了我们到底能走多远,能走向何方。

第二章 思维

司法改革的壳成本

壳就是装东西的东西,这是它有用的地方。

在经济领域,我们常听说借壳上市,那是因为上市的资格有限制。上市的难度越大,壳的价值就越大。这里的壳价值,本质上就是融资的渠道价值。壳就是经济权益的容器。

但是如果上市很容易,壳就显得多余了,为了维持壳存在所支付的那些没有收益的成本就会变成壳成本。

而司法改革在解决内设机构改革的时候也有一个壳成本的问题。

因为从本质上说,内设机构其实是权力的容器。

内设机构就是在一个司法单位内部,通过特定的划分方式,放置特定司法职权的容器。比如办理特定类型案件的检察部门或审判部门。

壳的作用就是要保证这些职权相对独立的行使,壳的目的在于区分边界,或者说是保证专业化。某些部门由于长期办理一类案件或者具备特定职能而可以积累特定的司法经验,并对这种特定职能的行使负有不可推卸的责任。所谓术业有专攻,专业的人办专业的事,这也是一种非常美好的设想。

但前提必须是,在人员非常充沛的情况下,才能从容维持这种专业的分工。

就好比几个人的创业公司,你就很难分清一个人的特定岗位。因为不管多少活,人就那么多。就要因陋就简,就不能分得那么清,否则也就甭想创业了。部门林立的公司,其实往往就离创新者的窘境不远了。

一个家庭也一样,不可能绝对地区分谁只能负责赚钱、谁只能负责带孩子。如果孩子多了,连大孩子都要照顾小孩子,帮助做家务,甚至下地干活。

他们的角色为什么无法特定化?因为资源不够用。

而且维持一个"壳"还要付出必要的成本。

维持一个内设机构的壳,至少就意味着它只能干自己的活。如果别人干不过来的时候,它也不能过来帮忙。也就是你必须同时忍受一定资源的闲置和一定资源的过度使用。

就像你以前去银行,发现老是这几个窗口排队,别的窗口没事也不管你,你问他一下,他说:你就去几号几号窗口,我们这不办,再问,还不搭理你了。你说你生不生气?你甚至很想质问一下大堂经理,这是谁设计的分工?!但是这就是维持壳的基本代价。

壳就是为了区隔而生的,与其说是壳的成本不如说是资源不能合理利用所带来的成本。

后来,好像很多银行都打破了一些窗口界限,很多窗口都能办各种业务,而且还通过摇号的方式均衡下来。最后业务员也可以通过多办业务获得更多的绩效。不但效率提高了,而且用户也满意了。

其实并没有增加什么人手,只是降低了壳成本而已。只要维持这个门店的壳成本就行了,其他内部的小壳都拆开了,资源自然就流动起来了。

当然壳的成本不仅仅是区隔,还有维系。

这个壳不是一个物理的墙,还需要一套人马来维护它的边界,以及整个部门内部的循环。

首先,它要有一个部门负责人,监督下属按时上下班,有事请假,保证工作纪律;分配和验收工作任务,保证职能的运行;调整内部的微观搭配,比如办案组织之间的调配,以保证组织的顺畅运行;通过组织业绩考核,优秀名额分配,晋职晋升的推荐,保证人员的积极性;通过一岗双责,从思想上、组织上进一步加强内部管理。每个部门都要配置必要的内勤、副职来辅助部门负责人的日常管理工作。每一个部门都有一套这样的管理班子,都会生成类似的管理系统,实现这样的微循环。

这些用以维系壳内微循环的人马和组织体系都要消耗一份壳成本,部门越多需要消耗的成本就越多。在壳内人员足够多的时候,这个壳成本的人均分摊就相对少;而部门人数越少,壳成本占比就会越大。如果一部门只有两三个人,有时候就仅够维系日常运转。

所以有些处长也会抱怨,一天净开会了,开完会回来还要再开会布置。

布置给谁呢,往往是没有行政职务的人负责最终落实,所以往往是普通的司法人员负责落实。人多了轮着落实还说得过去,但是如果人不够多,就一两个人负责落实,办案的时间必然会受到影响。

而这种布置——落实的循环,每天都在每个部门上演。多一个部门就要多一份布置——落实的循环。

总结、调整工作思路、征求意见、调研报告、上报材料,一个部门都要来一套。三十个人的部门如此,三个人的部门也如此。

这就是日常的壳成本。

所以在人员不充足,而人均案件量比较大的基层院,更是承受不起壳成本。

普通的司法官在承担原本的司法任务之外还要背负大量的布置——落实的任务,总体上办案的有效时间都减少了,自然顾此失彼,影响案件的质量。

而且,人为专业化设置的行政区隔,使得案件量分布极不均匀,虽然看起来整体人均办案量不高,但是并不是每个人都办案子：有些人只办特定类型的案子。极端的情况下，人均办案量的差距甚至达到 9～10 倍。为了进行自我解释，这些特定案件部门会说他们的案件难度大，相当于普通案件部门的 9～10 倍，这样好像工作量就平衡了。还以此为系数，把这当作一种人员设置标准，普遍推开。

但是人员一旦整合，啥都干了之后会发现，哪有什么 9～10 倍的难度系数，可能 0.9 倍都不到。

这也是壳的一种功能，就是为了维护自己的自身利益，必须进行自我合理化解释。

自我合理化解释是维系一个部门存在的基础。

强调独特性、复杂性、难度大，才能获得生存的必要资源，否则就难以逃脱被整合的宿命。

如果司法资源按照案件来分配的话，那有人就会将案件的碎片和案件的影子也解释成案件，这也是案件类型泛滥的根本原因。其实这只是部门为了维系自身生存的合理化解释。

每个部门都会说自己的人不够用，都会说自己累，光这么说不行，必须要用司法主流观念能够接受的话语体系来解释才说得通，比如案件量和案件难度。

这种通过业务量虚假膨胀所加重的司法资源分配不均衡也是一种壳成本。

司法内设机构优化设置的目的就是降低壳成本。越是基层院案件量越大，受到的壳成本的冲击就越大，就越要降低壳成本。这也是为什么小诊所的专业分工水平要低于大医院的原因，因为它的人倒腾不开。事实上，我们的基层司法机关的人员也已经倒腾不开了。

但是，在我们明知壳成本代价高昂的情况下，壳成本还是很难消减，就是因为这个阻力，有些地方至今内设机构改革的任务也没有完成。

这是因为壳即权力，壳是权力的容器，管理壳不就是在管理权力吗。

权力的诱惑使其不愿意轻易退出历史舞台。

消减壳就是在消减权力，这个权力就是司法机关中的行政权力。

这个权力不仅可以控制一个部门或者一个条线的司法官，还可以通过加强内部的管理，进而可以控制他们手中的司法权。

但其实，这个壳的最大价值是通往更上层权力的阶梯。

没有部门这个阶梯，向上的路就断了。

不仅是失去了眼下的权力，还失去了未来的权力——一般就叫仕途吧。

所以这个阻力怎能不大？

而除了这条路，并没有其他的权力进阶通道，几乎没听说过有人能从普通司法官直接升到院领导的。

因此，这个壳才显得格外珍贵和重要，即使它消耗掉了大量的司法成本也在所不惜，因为它的通道价值是不可替代的。

因此，如果想彻底降低壳成本及其负面作用，必须降低壳的通道价值。

当每一名司法官都可以凭借司法业绩成为首席司法官，部门的强化、维系、控制也就变得没有意义，部门不再是必由之路，司法官本身的角色将变得更有价值，司法官才会向本心回归。事实上，司法权本身就是一种神圣的权力，凌驾其之上的司法行政权只是遮蔽了其法律的光辉。

因为，能够盛放司法权的只有司法官的内心。

强管理为什么不适合司法行为？

司法改革的目标之一就是去行政化，减少审批层级，从科层制的行政管理模式，向扁平化的司法管理模式转变。司法责任制的重要内容之一就是向一线司法官放权，制定权力清单，由三级审批变为真正的谁办案谁负责,这是在向司法规律回归，是几十年司法经验教训的深刻总结，已经成为理论界和实务界的共识。

但是在改革的落实过程中，一种声音又出来了，提出放权就有放任的风险，因此要加强管理。通过将负面数据指标与考核挂钩；对无罪、撤回起诉等问题案件，不起诉、不批捕等高风险案件进行反复复查监控；将提交司法官联席会议讨论作为不捕、不诉案件的必经程序，并要求相关法律文书发出前要送交部门负责人审核把关，向主管领导汇报前应由部门负责人提出意见等种种方式，使下放的权力逐渐自动上缴，使已经改革掉的三级审批制又有回潮之势。

一、

这样做的一个重要目的是避免司法滥权。也就是说下放到司法官手里的权力容易产生腐败,强管理是为了防止腐败。事实上,只要有权力,就必然有腐败的可能,否则就不叫真正的权力。

但是,司法责任制将权力下放恰恰是预防以往审批制的腐败。

现在的强管理实际上破坏了这一防范措施,反而可能增加腐败的风险。

很简单的一个问题就是:集中的权力和分散的权力哪一个腐败的成本更高?哪一个更容易腐败?

权力收上来集中在一处,权力掮客只要搞定一个人就行了,就可以进行批量寻租;而分散到个人,沟通成本增加了,不容易保证隐蔽性,寻租的风险就增加了。

而且掌握权力的管理层,更不容易受到制约。相比之下,作为检察官的个人,除了办案权没有任何行政性权力。没有行政权又拿什么对抗制约?所以权力就很容易被关在笼子里,即使个别人干了坏事,也是一抓一个准。所以在心理上,滥用权力的胆子也很难大得起来。

所能够滥用的权力十分有限,而被抓住的风险却很大,这样一比较,腐败的收益并不高,从功利性的角度来看也很划不来。

而管理层却不一样,他们掌握的是批量的权力,他的权力是普通司法官的几十倍、上百倍,而能够制约他们的部门很多时候也够不着他,这样一来他的腐败风险就相对小,而腐败收益却大很多。事实上,一些权力制约的机制甚至也都受制于他。

在三级审批的时代,其实也有司法官联席会议,但你几时听说过处长主动召集联席会议讨论自己的案件,或者要求自己审批的案件必须提交联席会议讨论?更不要说主管领导层面,联席会议监督过他们的职权吗?事实上,连是否启动或设置这样的机制都是他们决定的。

既然他们手中的权力更多更集中,更不容易制约,也就是更有腐败的风险,为什么反倒没有加强对他们手中权力的管理呢?

这是因为,这个所谓的管理——其实就是行政权,也掌握在他们手里,权力并不倾向于自我约束和监督。而作为手中没有行政权的普通司法官,也没有权力对他们加强监督制约,即使普通司法官组成的联席会议,由于没有行政化的指令和牵引,也组织不起来。

事实上,很多冤假错案正是经过这种层层审批和汇报后产生的,很少听说真正的冤假错案是由于司法官一个人擅自决定而出现的。

因此,这种行政化的强监管并不能遏制冤错案件的发生,而恰恰可能导致权力集中,腐败滋生,并背离基本司法规律。

我们充分认知到这一点，才将司法责任制作为司法改革的核心而推行，就是通过分散权力的方式来遏制腐败。

当然只能是遏制，并不可能完全杜绝。掌握真正权力之后的司法官自然要比以往没有真正权力的司法官增加了腐败的可能，但这种风险要比权力集中起来的风险小得多，其实是从总体上降低了腐败的可能。

不能因为个别司法官的腐败行为，就从根本上否定司法责任制以分散权力的方式来预防腐败的整体功能。

通过强管理，将已经下放的司法权再次回收，将使司法权力再次向管理层集中，表面上是防止腐败，实际上是增加了腐败的风险。腐败不是没有了，而是更加隐蔽了，更不容易制约了，那些能够制约普通司法官的机制，是制约不了管理层的。

实际上，强管理有时候发挥的是明修栈道、暗度陈仓的作用。真正的目标其实仍然是司法官手中的权力。不是因为这些司法官有可能滥用权力，而是管理层想滥用的时候却滥用不了了。不是害怕权力被滥用，而是害怕自己滥用不着权力。

原来有人找你问案子的，你直接就能答应，现在要么是不了解情况，要么还要旁敲侧击地说服司法官，而有些司法官还不一定那么"懂事"，这就很累，还害怕被别人给你做记录。这种感觉多不好。

现在将权力收上来，感觉又回来了。

二、

但是为了这个感觉,司法责任制的功效失灵了。

司法责任制的本质就是让真正审理案件、办理案件的人做出决定,体现亲历性原则,从而更加符合案件本身的特殊性,将理性和感性更加有机融合,从而体现个别化处遇。这是公正的艺术,只有如此才能更加符合司法规律。

因为正义是具体而微的,需要亲历性的感受和体验。依靠二手资料不能看病,也同样不能办案。

是否应当批捕、起诉、定罪,司法官自己最清楚。但是强管理一上来之后,既然任何的除罪化处理机制都被严格监管着,那就索性都往前走,其中一个结果就是轻罪的高羁押率和高起诉率。这表面上是机械执法,实际上是强管理的负面效应。司法官就是通过放弃不批捕权和不起诉权的行使,导致检察裁量权失效。

既然一个不起诉要上下左右这么多部门复查监督,那索性就起诉呗。怕我腐败,我不用"不起诉"这个权力还不行吗?

正如前文分析,这样的监管并没有起到预防腐败的作用,因为再次集中起来的权力更加隐蔽,更难监管。而放弃司法工作的创造性,从而产生的机械执法恶果,已经逐渐成为新的司法焦点,近年来引起重大舆情的案件很多就是因为机械执法。

这样管人容易把人管傻了。

司法并不是机械化的重复劳动，你无法通过模式化、流水线化的方式实现，虽然有规范，但并没有 ISO 9000 这种标准化的质量体系。

司法从本质上讲是一种创造性的劳动，是个良心活。

它就像艺术创作，你很难规范、约束创作者的心灵。而一旦约束，作品就显得了无生趣，创作者就失去了创造力。

办案子也一样，你要他套模版，按标准卡是容易的，但那些微妙的区别就无法被捕捉到，那些例外的情况就会被忽略，那些真正动机和犯罪的原因就不再被关注，那些通过感同身受所体察到的挽救机会可能就会被放弃，本应通过不起诉挽救一个青年的善举将难以达成，最后只能将这些青年推到背负"前科"、自暴自弃的深渊。

司法者的智慧和良知很难通过强管理实现，但却很容易被这些管理抹杀。

为什么正当防卫一直起不来？虽然一度被激活，但是又陷入消沉？

因为，你需要对动机和过程有非常微妙的把握，对防卫的必要性和限度能够设身处地地感受：结果是容易看得见的，不容易看得见的是结果背后的原因和过程。

如果强监管老是戴着一副有色眼镜盯着你，消磨掉你的心力，你又如何在错综复杂中寻得正义？

一名检察官打算给一起案件做正当防卫的不起诉，向领导报批。领导问他，你现在行啊，朋友多啦？检察官说：没有朋友，给您报过去了。领导说，放那吧，我看看。过了几天，领导说，你把这个审批从网上撤回去吧，这个不行。你现在在社会上认识人多啦？检察官说：撤不了，您就批吧。也不知道最后有没有批。

可见做一个正当防卫不起诉有多难。所以虽然有反杀案，但是正当防卫仍然是个别的。

不是我们不懂法律，而是我们的司法官还在戴着锁链跳舞。

他们关于正义的创作仍然受到限制，难以挥洒他们的智慧，很多时候他们甚至都不能遵从他们的内心，这又何谈正义的实现？

事实上，正义并不远，就在司法官的内心之中，只要能够按照他们的心意办，绝大多数案件都能体现出法治和人性的光辉。

事实上，所有创造性的劳动都无法通过强迫获得，一旦被强迫，本来的创造性劳动就变成了机械性劳动。

创造性隐藏在人脑之中，只有通过信任、鼓励和激励才能获取。

实现公平正义之路应该是一条信任之路，是一条人性解放之路，我们应该相信司法责任制的本质性价值，看穿行政化对司法规律的阻碍作用。

让司法的智慧之光不再被遮蔽。

司法会签文件与公事公办

上级司法机关的一项重要工作就是司法协调,表现形式之一就是联合下发一些司法解释、意见、通知,这文件一般就叫会签文件,耗费了很多的精力。

国家层面颁布了法律法规之后,有时候地方还要再来一轮会签细则用以贯彻落实,除了贯彻以外,一级一级还会有一些颇具地方特色的落实,有自己的一些会签文件。

搞会签文件是很累的,感觉就是像签订条约,对于一些字词条款字斟句酌,寸步不让。只可惜不少会签文件,下面也没有好好看。

下面有时还是我行我素,按照自己对法律的理解来执行。比如"两高三部认罪认罚指导意见"明确要求:检察机关一般应当提出确定刑量刑建议。但是很多法院还是希望对这个条款进行限缩性解释。

签了会签文件也不愿意认真执行,为什么还要弄这件事呢?

要知道的是，这件事耗费了上级司法机关大部分的时间和精力。

而且事实上，如果文件太多的话，我们也确实不太容易看全，有些文件还不太好找。甚至你都可能不知道有这个文件存在。

如果你不知道它们的存在，又如何遵守和执行？

而各层级文件之间还存在着缝隙和冲突，有时候也给选择性适用带来可乘之机。

我也知道，复习司法考试的同学最痛恨这些各种各样的文件，这让他们的记忆负担成倍增加。

但根本问题是，它们在现实中到底能够发挥多大的作用？它们繁杂的网络就像一个混乱的文件资料库，几时有人会对它们进行认真的清理？

为什么我们就不能单纯依据法律，以及极少量的司法解释行事？

有没有一个像建筑工程立项一样的评估机制，评估一下新的会签文件的立项问题，从而防止重复建设所带来的浪费和混乱？

事实上，法律过多都会产生重复、冲突、矛盾以及衔接不畅的问题，更不要说叠加在法律建筑之上的衍生物。很多时候你会感觉这就像是一片规则的棚户区。

我们有协调处事的传统，刑事诉讼法就规定了要互相配合，但是配合一定要通过会签文件的方式吗？

公事公办不是挺好吗？很多时候法律规定也很清楚了，我们为什么非要等到细则再执行？那是不是意味着法律的规定还不够具体明确？那下一回具体明确一点不就行了吗？

很多时候，我们制定这些文件只是为了避免所谓的直接冲突，也就是公事公办的冷冰冰，希望通过文件进行缓和。比如哪种情况下可以启动制约或监督行为，哪种情况是可以通融和接受的，从而避免具体司法官理解上的分歧。但是遗憾的是，任何文件都会存在理解上的分歧。

这既有理解能力的原因，也有立场和理念的差异，这是用文件的方式永远无法解决的。

因此，有些文件的制定注定是对人类认知统一的徒劳追逐。

即使我们都会对法律有不同的理解，这也并不会因为衍生出更多的文件而发生改变，甚至有可能因为文件体系的不断增加而横生枝节。

这里面还有一个重要的问题：这些文件建筑群从来没有一个统一的规划师，它们总会因为各级司法领导层的变更而改变重点、理念、项目和内容，并没有从始至终的演化逻辑。

因此，说它们是一个体系可能是一种言过其实的比喻。

那些会签的文件清理起来还极为困难，因为废止也要几家的同意，尤其是希望废止的单位甚至还不是发文单位。

而事实上，谁又有时间清理这些故纸堆？那些文件在制定出来的时候可以当作成绩，而废止的过程往往不会被当作成绩。

这也是一种文件政绩观：重制定，不重落实，更不重清理和规划。

究其本质，它们仍然是司法管理泛行政化的产物，因此去行政化应当从去会签文件开始。

即使要规定文件，最好也是各自规定各自的文件，也方便规划和清理，而且最好应该建立文件立项机制，从而避免重复建设，为了尽量去行政化，对总量也要严格进行控制。

我们必须要包容司法官对法律理解的不同，放弃追求认识完全统一性的妄想，更多的应该是通过程序的博弈来减少偏见，通过程序的救济避免严重错误，通过公开透明来防止恶意，通过案例来引导方向。只要按照法定程序，我们就要尊重司法官对法律的不同理解，尊重各个司法机关的各行其是。

各个司法机关按照法律程序的轨道不断进行磨合和制约才是司法的真实节奏，真正的公正其实正是博弈的产物。

也许这才是真正的法治精神，而且效率更高。

关于建立全国法律帮助云端平台的建议

法律帮助的需求与目前律师的总量、分布存在严重的不匹配。

有的县只有一名律师,有的县连一名律师都没有。即使在东部发达城市,律师的分布也主要集中在城区,郊区的律师仍然相对稀缺。

而刑事诉讼法明确规定,具结书应当在辩护人或值班律师在场的情况下签署。

当前司法工作不少都进行了远程作业,为了实现零接触,律师也开始提供远程法律帮助。有的检察机关在远程提讯时,由辩护人在一旁见证,通过远程方式确认具结书的内容,由检察官和律师先签字,再送交犯罪嫌疑人签字。

在签字程序上是分开的,但是内容是通过远程三方共同确认的,符合刑事诉讼法的精神,也符合特殊时期的特殊要求,能够实现疫情防控和法律工作的两不误,而且也符合实质在场的原则。

笔者认为这种远程法律帮助的方式为解决全国法律帮助的难题提供了一个重要思路。

原来也有一种观点认为，如果实在没有律师就不要律师在场了，检察官和犯罪嫌疑人双方先签了具结书，再到法庭上由法官确认就行。

这种思路的出发点是好的，但是实际上与制度设计的目的可能不一致。这项制度的设计就是把实质工作做到审前，并且给犯罪嫌疑人以明确预期并落到纸面上，法庭上主要就是核实真实性和自愿性。如果签字的时候，没有律师在场，法官心里也会有点没底，就只能更多地进行实质性的审理，这样的话程序减省的作用就没有发挥出来。

而且一旦案件发生什么问题的话，比如被告人说是因为检察官威胁引诱才签的具结书，检察官也就说不清了，事情反而复杂了。

因此，律师在场还是不能减省的一环。这一环我们可以通过远程的方式补上。

就像我们解决很多资源分布不均衡的问题一样，尤其是远程技术的普遍应用，让大家认识到远程技术在司法工作中使用的可行性。

因此，笔者建议由司法行政机关牵头建立全国法律帮助的云端平台，解决偏远地区日常法律帮助的问题，同时也可以应急解决部分地区法律帮助需求突发的问题。比如，来了一件几百人的案件，虽然相关规定没有明确禁止一对多的法律帮助，但是根据一般的辩护原则，最好还是分别开展帮助。这件事，云端平台就可以在全国范围内调配法律帮助资源。

云端肯定没有现场那么有感觉，但是有总比没有强吧，现在是先解决没有的问题。

现场感的问题，可以通过技术手段不断提升。而且这可以极大地降低律师奔波的成本，在这之前很多律师的时间都耽误在道上了。

现在坐在办公室时就可以实现全国的法律帮助，效率将大幅度提高。

最重要的是它可以实现全国法律资源的瞬间整合，削峰填谷，实现全国法律帮助资源的优化配置。

一、管理问题

这项工作建议由国家司法行政机关牵头，其他司法机关进行配合。

具体来说就是建立全国法律帮助云端平台，由国家司法行政机关负责管理。

要求律师每年提供一定时长的在线法律帮助，这个义务时长不宜过长。可以提前进行适当估算，并且允许符合条件的律师在平台上自愿提供法律帮助。有些案源少的律师，可能有意愿在平台上提供更多时长的法律帮助，这应当欢迎。所有法律帮助均根据时长，依据相关标准支付劳动报酬。

总之就是义务与志愿相结合的方式。

二、云端问题

工作方式在云端，本质上类似于客服中心，但却是分散作业的。

律师在自己的办公室就可以开展工作，只要有网络就行。

也不要求实时看着视频，有任务再呼叫联通，没有任务，自己做自己事情，避免浪费时间。

这个系统最主要的就是对律师进行资源分配。

应该允许抢单和指派相结合。抢单意味着对服务更有意愿，更有助于提高法律帮助的质量。指派的方式有助于迅速调集资源，集中应用于突发案件。

现在设想得太过具体也没有意义，这个配置系统实际上是一套算法，需要根据地域、时间、季节等多种因素进行调节。也要根据律师以往的办案经历，业务特长等因素，进行系统自动分配。

法律帮助的方式逐渐从坐在法律工作站干等着，慢慢变成可以通过云端工作。

当然，有条件的地区还是应该尽量争取现场提供法律帮助，但也可以借助云平台发挥一些补充性的调配作用。

三、终端问题

看守所、执法办案中心、检察机关、法庭都应该设置云平台的终端机器，与法律帮助的云平台相连接，操作比较简便。最重要的是，通过分配算法的优化配置，能够保证云平台随时有律师在。即使在最偏远的地方，只要配置了这个终端设备，就可以实现随时的法律帮助。极大提高司法机关的办案效率，也避免了律师的奔波之苦。

有人会问，提供法律帮助之后，签具结书怎么办？人还是过不来。

电子签名是一种方式，虽然成本会有点高，但是这个问题也不是不能解决。

从现实看，签名并不是必须的，因为刑事诉讼法规定的是犯罪嫌疑人应当在辩护人或值班律师的见证下签署。让律师签字，只是证明其见证的一种方式。对于远程的见证，可以让律师在视频中确认具结书，将确认过程通过视频备份的方式也是一种见证，本质上与签名是一样的。起诉时将具结书与见证过程的视频光盘一并提交法庭即可。

四、长远价值

法律帮助云平台不仅可以解决特殊时期的特殊需求，一定时期的紧急需求，最重要的是可以一定程度上解决法律资源分布不均衡、法律资源与法律需求不匹配的根本性难题。

组织东部律师支援西部固然可以解决一时的问题，但毕竟不是长久之计。

而且法律资源的分布远不是东西部不均衡的问题，还有大中小城市的不均衡，还有大城市的城乡差异，还要考虑局部地区的突发情况。之前，由于财政划分问题，一个城市在各个区之间都无法调配法律帮助资源，法律帮助云平台可以打破行政壁垒。

收费方面，可以根据一个地区年度使用时长缴费，对于欠发达地区在收费上可以给予一定的减免，由国家进行转移支付。但是对于律师的劳动报酬应该由云平台及时直接支付。

由于云平台法律资源的统一调配，实际也将产生法律工作机会全国统一调配的效果。那些在偏远地区，不容易到全国接案，但是又有很强工作热情的律师，就可以利用这个平台，专门干起法律帮助的工作，据此也可以获得稳定的收入，甚至与云平台固定签约，实现法律帮助律师的专业化和稳定化。这样，其他律师需要承担的义务时长就会缩短，律师资源就可以得到优化。

而且可以预见，由于云平台的持续开展，不仅在提供签署具结书方面，在其他方面也可以提供法律帮助。比如应急突发的群体上访事件，政府和司法机关就可以向云平台购买法律服务，由云平台律师给予相关人员点对点的法律帮助，发挥疏导和纽带作用，为政府和司法机关解围。当然这种法律服务应由志愿律师承担，因为这已经超出了义务帮助的范围。

由于法律需求规模的不断扩大，有些律师事务所或商业法律平台可能会以法律帮助为主业开展法律工作，这些平台都将吸纳到法律帮助云平台之中。

这样，本来为了解决一个困难，实践中可能催生一个法律行业。

五、服务质量

当然，也会有人关心法律帮助的质量。

有人希望法律帮助的律师能像顶尖律师那样有效地提供法律帮助。

首先，这是不可能的，因为两者收费有着巨大的差异。

政府提供的法律帮助只能满足基本需求，而不能满足高端需求。

这就又催生了更深层次的问题，那就是公平性。

有钱的犯罪嫌疑人可以请好律师，坐飞机飞过来，现场提供非常周到的法律服务。

为什么普通的犯罪嫌疑人，只能接受云端的视频服务？

这是因为，公正是有成本的。

政府不可能为每个犯罪嫌疑人都付飞机票钱，从远方请律师过来。事实上，那样的话律师也不够用，因为顶尖的律师数量还是有限的。

政府提供法律帮助只是为了在确保效率的前提下，尽量保证公正。

政府对犯罪嫌疑人并没有亏欠。所谓的有效帮助，也主要指的是能否尽到基本义务，并不是要求达到行业最高水准。

在免费的情况下，还要求高端，这是苛求。

而在当地没有充足律师的情况下，通过技术手段实现远程法律帮助，这其实已经是一种巨大的福音。事实上，这个终端和云平台背后都有巨大的成本。

而且通过全国调用资源，进行随机配置，这本身也是在弥补本地律师数量和水平的不足。

也许碰巧就能遇到一个顶级律师提供法律帮助，这也是有可能的。但至少系统能够确保只要上云平台的律师就会符合一定的条件要求。这个质量监控，法律帮助云平台也会通过系统算法的方式把握。

必须承认，视频不如现场来得直接，当然这也是不得已，因为当地就是没有合适的律师，也不可能让律师为了提供法律帮助全国飞，这也是不现实的。

但是平台通过算法积分评分的方式可以在一定程度上确保律师的服务质量，而通过全国随机筛选也确保了相对的公平性。而且云平台律师的服务水准也有可能高于本地律师。

事实上，在条件有限的情况下，基于互联网技术和思维的全国法律帮助云端平台提供了有一种现实的解决路径，是一条互联网背景下的中国法治进步之路。

从根本上来说，它是通过大数据动态匹配的方式解决了法律资源与需求的不均衡问题，通过远程技术应用打破了行政壁垒。这一解决方案也为其他公共资源的整合提供了可资借鉴的范式。

卷宗里的照片为什么不能放大一点？

我办了一个案子,里面的现场照片都是五寸的。其中有一张是一个胡同的纵深照片,我特别需要在里面找到涉案的一个摄像头,想确定它的位置。但是由于处于远端,里面还有电线、街灯等物体,画面颇为凌乱。我左看右看,也无法确定。

当时我就想,这个照片怎么就不能放大一点呢?

后来好不容易让公安找到了这张照片的电子原片,才算是把这个摄像头的位置锁定了。

要是把照片再放大一倍不就没有这事了?万一找不到照片的电子版怎么办呢?真让人后怕。

我们需要究问的是:为什么就不能把照片搞大一点,背后的原因到底是什么?难道是诉讼成本吗?

五寸照片比七寸要便宜,但是你家里洗照片洗几寸的?这又能节约多少诉讼成本?

随着照相、冲洗、彩色打印技术的发展,照片的成本在整个侦查活动的成本中占比越来越低。经济成本很难成为让人信服的理由。

粘贴方便一点？

也许是的，五寸照片至少可以确保一页纸可以贴两张，而且可以留下一些空白，写一些图片说明。如果七寸，就有点满，没地方写字了。如果再大一点，一页一张的话，卷宗的厚度就会成倍增加。而每一册卷宗是有固定厚度的，超过厚度就要另行装订一本卷宗。这些都会导致工作量的成倍增加。

所以对于大概内容来说，五寸也够用了，反正内容也都在里面。

而且最重要的是，没有多少人特别在意照片的尺寸。既然都不在意，那岂不是越小越好？

当然也不是故意让它缩小，只是保证通常尺寸的最低标准就行了。

这是因为大多数人都不会细看里面的内容，我们对证据标准的认识还是一种粗线条的水平。

卷宗中的照片尺寸反映的只是一个侧面。

事实上，我之所以要死抠这张照片，是因为我要确定这个摄像头的位置，从而确定摄像头拍摄的方向和对面的环境，进而确定涉案监控录像画面所呈现的位置。因为当时提取录像时，并没有对这个摄像头单独拍照确定。而摄像头的主人当时并不愿意在提供视频录像的手续上签字，虽然侦查人员做了说明，但是关于摄像头的位置仍旧缺少充分的证据。这张记录摄像头位置的照片就成为关键的一环。

我只好通过一张纵深全景照片推测摄像头的位置，这张全景照片算是无心插柳，可能涵盖了这个摄像头。但是我却看不清这个混杂了大量图像信息的照片是否包括这个摄像头以及它的具体位置。所以我才需要大一点的照片以确定里面是否包含摄像头。幸运的是，我找到了电子版，但是如果我找不到电子版，或者根本没有这张无心插柳的照片呢？

这一环又如何补上？

而我之所以这么在意视频画面所反映的位置，因为是现场勘验图上并未标示出几名被害人躺在地上的位置，也没有标示出胡同中各个门店以及摄像头的位置，而言辞证据中都是根据这些门店来描述现场的位置情况的。

也就是说我要以摄像头为坐标重建整个现场的坐标体系。

而这个坐标体系本应该是通过证据已经固定好的。

这就是搜寻那张照片细节的重要意义。

这张照片尺寸其实反映了我们对证据认知的颗粒度是整体偏低的。

这张照片的放大是在弥补整个证据体系的疏漏。

而对低尺寸案件照片的长期容忍、纵容，其实正是对证据标准低水平的长期容忍、纵容。它只是冰山的一角，其实也是最容易改变的一角。

在收集证据的时候，我们心中的预设是如何把它们更方便地安放在案卷里，更方便完成自己的工作，还是考虑怎么能够更有利于呈现在法庭上？

我们有没有从出示证据、说服法庭的角度考虑如何收集证据和固定证据？

这也说明以审判为中心的压力还没有传导过来。

进一步需要问的是检察机关有没有发挥应有的传导作用？

或者我们是否通过照片尺寸这些司空见惯的司法现象看到了证据体系的粗糙？

我们审查的颗粒度，我们自己心中的证据认知的颗粒度到底有多高？

还有庭审的实质化有没有体现到这些细节？

一滴水可以看见太阳，从一张照片也可以看见以审判为中心的艰难现实。

我们确实还有很长的路要走。

那就从这一张照片开始吧。

不要再维持在通常尺寸的最低水平吧，我们需要的是通常情况的最高水平。

自行补查的度

自行补查是不是"你不愿意干,我来吧"?

如何把握自行补查的度,实质是如何界定检警关系。

有人认为,既然司法责任制主张审查的亲历性,那么自行补查作为检察机关证据审查职能的自然延伸就应该更加凸显亲历性。所以自行补查越多越好,越多就越显得用心,水平高。不再是埋首于案头工作了,而是站立起来的检察官了,更加立体了。

而且这还有一定的理论基础:刑事诉讼法规定,对公安机关侦查的案件,检察机关可以退回补充侦查,也可以自行侦查,并没有对自行补查的范围进行明确的限制。理论上就是公安机关的侦查行为,检察机关都可以自己实施。

从而推出的结论就是,既然我们都能干,只要我能干的就尽量不要麻烦别人。而且自己更知道自己想要什么,也就不存在理解和沟通的障碍了。

这好像非常有道理，就好像吃自助火锅，自己要什么就夹什么呗。

但是哪有那么简单？这里有几个问题。

1. 侦查更耗费时间。看完一本卷和收集完一本卷的证据完全不是一回事。而且侦查还有可能会扑空，找一个人有时候可不是一次性能找到的。这构成了侦查卷宗的留白，侦查中耗费的时间和精力有些是卷宗里根本看不到的，成型的卷宗只是侦查工作的冰山一角。这也是侦查人员要比检察人员多得多的原因。不是说自行补查不好，而是你根本干不过来。

2. 职责冲突。除了补查以外，检察官还有审查逮捕、审查起诉和出庭等工作要做，天天往外跑，自己的活谁来干？庭审实质化是闹着玩的吗？出庭不要进行大量的准备工作吗？一个办案组每年平均办理一百件案件，你在一个案件上有几天可以耗费？而且一出去调查就是两个人，但是在办公室却可以分头开展审查工作。所以补查是个奢侈品，你没有多少时间来买。

3. 侦查是个专业活。出庭有出庭的专业，侦查也有侦查的专业。而且侦查的专业能力更难提高，它需要跟社会面广泛接触，没有那么多模式化的经验可以累积。你必须磨，靠时间的累积。刚才说了，检察官没有那么多的时间投入补查当中，必然也就没有那么多侦查的实践用来打磨侦查经验，那你这个侦查的质量和效率自然无法和专业刑警相比。与其让一个业余选手搞侦查，为什么不让职业选手上？这不是违背专业化分工吗？

4. 你都干了，人家干什么？你能，你全都干了。你下回没时间了，你还怎么找人家补充侦查？人家一句话给你噎回去：你上回不是都自己干了吗，找我干吗，你不是也能干吗？而且这只是补查。基础的侦查你不可能都承包了吧？基础侦查还是公安干，而补查主要是你自己干。如果基础侦查质量不高呢，你就多给他补上点。这样你还能指望基础侦查质量的提高吗？他没有任何提高的动力啊。不管干成什么样，你都给兜着。最后案件判不下来，全怪你自己，你自己没有补查好啊。

可见，对于补查的大包大揽，不但没有提高效率，反而可能降低了效率。因为它违背了专业的人干专业的事的基本原则。

而从本质上，其实是混淆了检警分工，丢弃了检察机关监督、审查、追诉的主业，也侵占了侦查机关的侦查主业。事实上，检警的差别肉眼可见，在人员数量、人员素能、装备配置、组织模式上都有着明显的差别，对此不应视而不见。

虽然刑事诉讼法规定了，可以退回补充侦查、也可以自行侦查的选择性安排，但是自行补查仍然具有明显的"补充性"。

这个补充性就是自行补查的度，既是对侦查机关侦查行为的补充，也是对自身审查、出庭本职的补充，自然以不冲淡主业为前提。如果批捕、起诉的案件都办不过来，你还自行补查什么？自行补查前提是办案精力必须得到保证。

自行补查有一个现实的前提就是有时候指挥不动侦查人员。尤其是在捕诉分离的时候表现得更为明显。侦查人员经常以办案说明对付，要么就是没有时间，有治安性的任务需要保障。这种情况有时候确实是客观存在的。那就让侦查人员承担治安性任务，检察人员搞侦查。这绝不是一个正常的法治逻辑。从长远看，需要刑事警察和治安警察的分设。在短期看，要提高侦查人员的基础侦查质量和补充侦查执行力。

这绝不是靠"你不愿意干，我来吧"的迁就和妥协能够解决的，自行补查不应受侦查质量薄弱和庭审实质化之间的夹板气。法治进步从来不是靠迁就和妥协实现的。

要解决谁来补查的问题，首先就要解决侦查为什么没有一次到位的问题，捕诉一体给了检察官在侦查前端的把关和引导机会。其次，要解决补查执行力的问题，不是非要等到正式退回补充侦查的时候再补充证据。而应该将引导侦查补证贯穿于整个捕诉审查的全过程，随时可以提出要求，随时引导，及时落实。不能落实的，检察机关应该发挥制约、监督作用，督促落实。

不是"我来吧"就完事儿了，而是要解决侦查机关侦查主业的健康发展问题，通过捕诉一体、压力传导、捕诉制约，形成检警一体的格局，检察机关要发挥好主导责任。

不能把对侦查的引导，对补证的要求当作耳旁风。只有由承担侦查责任的主体为自己的侦查疏漏埋单，才会倒逼侦查质量的提高。由别人埋单，他是不会有感觉的。

不是我们自己把活干了就行了。因为你干不过来，也干不了，一个机关不可能把两个机关的活都干了。检察机关更重要的是发挥监督制约的作用,督促其他司法机关把自己该干的活干好。这个要比自己出去跑两次,收集点证据重要多了。

因为你的迁就并不会激发作为,反而可能助长更多的不作为。

所以自行补查要限定在自己有余力,且自行补查更为便利、更有效率、更有利于查清案件事实的极为特殊的情形之中。

永远不要忘记自行补查的补充性,这样才不会丢掉自己的主业。

什么是案件审查报告？

案件审查报告是每个办案人对司法的第一次认知，也是很多办案工作的主要载体。

但是审查报告到底是什么呢，它的功能和定位是否始终如一？这值得我们认真思考。

可以说，审查报告就是司法工作的里子，思考审查报告就是思考司法工作本身。

一、

审查报告的基础功能是记载，它脱胎于阅卷笔录。

就跟做读书笔记似的，一边阅卷，一边把一些重点内容誊录下来，同时也记录自己的一些看法。目的是方便事后翻找卷宗，如果誊录得较为全面，甚至可能省却翻阅卷宗的程序。

尤其是早期的笔录很多都是手写的，辨认起来比较吃力。

只有经常阅卷的人才能提高各种笔迹的辨别力。记得刚上班那会儿,大家经常要互相问问这个写的是什么,那个写的是什么,其实主要靠的是联想法。看得多了就不用再问别人了。

而撰写阅卷笔录以及后来的审查报告,都要使用工整的字体。有了电脑之后,审查报告就率先实现了打印化。因为审查报告有着强烈的工整化需求。

摘录和报告文本工整化的目的都是提高审批效率,也就是说审查报告是给领导看的。

审查报告看起来是审查用的,其实是审批用的。

通过阅卷得来的审查报告,其实是为了最大限度地减少阅卷。

这是三级审批制下的产物。

当然也有客观原因,三级如果都阅卷,领导也看不过来。

因为审批制是金字塔构造,我们每人每年办一百件案件,到处长、主管副检察长那里就是要审批一千件,看卷都看不过来。

尤其是不经常看卷的话,认字都比较困难。

在坚持审批制的情况下,审查报告确实有利于提高整体的工作效率。

但越是习惯于、依赖于看审查报告,就会越不习惯直接了解案件信息。审查报告不断强化,提升了审批的体验,但也与亲历性越隔越远,这样司法的经验就无法与案件的审查有机结合,让案件质量建立在间接认识的沙土之上,严重影响了办案质量。

二、

有人会说,审查报告的目的是规范司法行为。

但这几乎是难以完成的任务。

因为你不可能有时间和精力将每一份审查报告与案卷相互对照,看看摘录得是否全面完整。

如果你有那个精力的话,还不如每次审批都阅卷得了。

但是正是因为你没有时间阅卷,才要求制作审查报告啊。

不是说,审查报告是作为复查案件的依据吗?

我就复查过不少案件,但我一定要看原始卷宗才能得出复查结论。因为这样才可靠。

如果我的结论和审查报告基本一致,即使审查报告写得粗糙一点我也不好说有太大的质量问题。

而且证据既然是摘录的,就必然有选择性。到底摘录哪些证据,以及证据的哪些部分,并没有标准答案。

而且一味求全还会导致另一个恶果,那就是有文必录,不加选择地将全部证据摘录下来。这样内容倒是全面了,但是又看不过来了,会失去重点。而且这也会极大地耗费办案精力,办案就演化成了打字工作,更没有时间深入理解证据,对证据和法律问题展开深入的分析。

我记得有个检察官就还很自豪地说:我的报告写了几千页。我就问他,领导看得完吗?如果看不完,你写这么多有什么用?

三、

审查报告不是还可以出庭用吗？

这就是审查报告的另一个功能，就是与三纲一词相结合。

三纲就是举证质证提纲、讯问提纲和答辩提纲，一词就是公诉词。

这就是庭审实质化之前的出庭几大件。

把这些功能结合在一起的审查报告就是综合审查报告。

也就是撰写了一个审查报告，这些东西就基本都有了。看起来比阅卷笔录要先进了，但其实还是把庭审当作一种静态产物。

妄图在审查阶段预见庭审的全部情况，并用书面材料将其囊括其中。

如果是复杂案件，这些三纲一词还要经过层层审批，出庭的时候是绝不能随意修改的。

这就使公诉人被捆住了手脚。事实上，公诉人也早就习惯了这种照本宣科的书面出庭方式，他感觉更有安全感。

而在侦查中心主义的诉讼体制下，庭审并不是决定性的一环，即使有一些风吹草动，公诉人有些闪失，也不会对审判结果造成太多实质性的影响。

即席发言能力既无必要，也无影响。

决定案件走向的仍然是案头的工作，也就是审查报告。

后来诉讼监督的加强又进一步强化了审查报告的功能，使它成为综合审查报告的重要一环。

以侦查监督为主的诉讼监督工作，仍然体现为对案头证据的审查以及分析工作，这就进一步丰富了审查报告的功能。

四、

向本院领导汇报、向检委会汇报、向上级院汇报都要用审查报告，出庭、诉讼监督都要依据审查报告，审查报告逐渐成为评价检察官能力的最重要载体。

因此，凡有检察系统内部的业务比赛，审查报告就都是核心中的核心。

因为出庭并不重要，而且也缺少量化评价机制。

而审查报告却是各级领导了解检察官能力素质的重要载体，是优秀公诉人评比等制胜的法宝，可谓得审查报告者得天下。

这就让检察官对审查报告倾注了大量心力，同时也被它占用了大量的精力。

这就使检察官对于将证据融化于心，真正吃透证据，真正做好出庭准备并没有太多的重视，尤其是依赖于书面化的出庭准备，对于即席发言平时培养不足。

在整个检察系统中对即席发言也缺少充分的激励机制。

这就使得公诉人整体对庭审实质化准备不足，一旦庭审直播就容易让公诉人陷于被动。而且这种趋势到现在也没有得到根本性的扭转。

其中很重要的原因,就是公诉人对审查报告过分倚重,甚至已经形成一种路径依赖。

出庭效果好不好没有大用,审查报告才是决定性的。

但是我们实际上都忘记了一点,那就是审查报告其实是没有法律效力的。

而公诉人在法庭上说的话才有法律效力,不管这个话是否是审查报告和三纲一词提前准备好的,即使公诉人当时说错了,也是有法律效力的,都会被法庭记录所记载,并作为合议庭合议的依据。

以前这些可能都不重要,但是随着庭审实质化,这些将越来越重要。

但是这些不是审查报告所能解决的。

现在要解决的是,这些证据到底有没有被公诉人吃到肚子里去。都写审查报告也没有用,如果脑子里没有数,辩护人提出什么观点,你还是反驳不出来。

你的答辩提纲也不可能把所有的未知情况都预见到。

事实上,不能随时调用的知识,就不是自己的知识。

不能随时调用的案件信息,对出庭毫无用处。

审查报告也不能当证据用,也不能被直接纳入庭审记录。

而且正是因为过多依赖审查报告,在办案组人员比较多的情况下,主要出庭人员甚至都不会充分而深入地阅卷,因为有人已经将审查报告写好了。

你看到的是审查报告,而律师看的是全卷。人家说的细节,审查报告里没有。或者虽然审查报告里有,但却是其他人经过自己理解转述的,你没看过这个书证原件,也就没有可能看到其中的细节。

这个时候,人家抛出了问题,你不就眼前发黑,心里没底了吗?

这个时候,审查报告反而成为制约亲历性司法认知和司法表达的屏障。

五、

司法责任制的落实和以审判为中心的诉讼制度改革,是我们重新认识审查报告的一个重要契机。

对于三年以下的速裁案件,我主张取消审查报告;对于简易程序的案件,我主张对审查报告进行高度的精简,至少省却大量的证据摘录功能。

因为电子卷宗已经普及,审查报告的记载功能已经变得没有太多的意义。

将这些时间节约出来,可以强化对案件的实质化审查,将案件印刻在心里,而不是写在纸上。

尤其是速裁案件，包括很多简易程序的案件，起诉和开庭的间隔很短。

无需通过审查报告来帮助回忆证据，实在想翻一翻的话还有电子卷宗。

这与以往移送案卷以后就什么都没有了，是不一样的。

通过强化审查之后，可以更好地在法庭上实质地履行出庭职责。

失去了审查报告这个拐棍之后，开始可能有点不适应，但是逐渐通过庭审实质化的锻炼，我们可以更加游刃有余地履行出庭职责。可以在信息量、针对性、有效性上强化出庭的履职能力和表达能力，这一切将被法庭记录记载下来。

我们不再通过审查报告来办案，我们将更多地通过我们的头脑来办案。

同时也倒逼我们认真地开展审查工作。

以前轻微案件的审查报告基本都是书记员或助理打的，现在没有报告，检察官终于要看卷了。

这不仅解放了司法生产力，而且逼得好钢回到刀刃上来。

司法责任制的落实，也使得大部分非重大案件和事项，都由检察官自己来做出决定。

审查报告无论是作为行政审批的工具，还是人才筛选的工具，它的作用都在淡化。

庭审实质化的外在标准，会逐渐对检察机关内在标准产生影响。

很多领导在审批案件或者审阅事项的时候，更喜欢让下属说，而不是念稿子，这本身也是能力考察的实质化。

虽然，法院也有审查报告，但是他们很早就产生了不同的看法。

他们在十几年、二十年前，就开始关注判决，强调判决的说理性。

通过《刑事审判参考》等各种途径，刊发优秀判决或者基于判决所衍生的案例。

而审查报告很多时候只是从检察机关拷贝过去，在此基础上进行修改而已。

他们抓住了真正有价值的东西。因为判决是有法律效力的，会对社会产生实质性的影响。而且这个影响还会通过判决所衍生的案例，甚至就是判决本身被传播和引用，从而产生更大的外部作用。

审查报告既没有法律效力，也不能被传播，当然也不会产生什么影响力。

为什么有些标志性的判决被称为伟大的判决？说的就是它对世界所产生的外部影响。

而审查报告不可能有这种外部的影响，因此写得再好，也难以称得上伟大。

那起诉书可以吗？起诉书的问题是发挥空间太小，而且很容易被判决所吸收。

现在，随着庭审直播，很多庭审的发言倒是有可能产生很大的效果，因为它既有法律效力，又能产生外部影响。

事实上，很多律师都会将自己在庭审上精彩发言的视频剪切下来，不断进行传播。

重要案件的庭审，光是观看直播的观众都成千上万。

公诉人的出庭发言就可以影响这些人，并通过他们进行一次又一次的再传播。

每年的庭审达上百万场，公诉人的这些出庭表现其实就是人格化的检察机关，他们的一言一行就代表了检察机关在公众心目中的形象。

审查报告写得再好、再多，人们也看不见。

而这些直接的表现，是有可能塑造伟大的公诉人形象的。

这一定不是通过审查报告实现的，而是通过实质化的审查、准备和历练实现的，是一个立体的过程。

审查报告在这个过程中发挥的只是一个基础性和辅助性的作用。

事实上，审查报告的地位变迁和功能变化，也反映着诉讼重心的前移和司法模式的转变。

因此，在新的背景下，我们需要对审查报告进行重新认识。

捕诉报告一体化与思维一体化

捕诉一体之后,审查报告要不要一体,能不能一体还存在一定的争论。

今天,我想探讨一下这个问题。

一、

审查报告的一体化才是真的捕诉一体化。

因为审查报告是办案人思考的载体,如果报告不能实现一体化,就意味着捕诉的思考没有合一。这就会导致捕诉实际上只是肉体上的一体,而精神上没有一体。

因为捕、诉两份报告有很多共通性,有合并的空间。比如犯罪嫌疑人基本情况、诉讼经过、案件的证据,等等。对于很多案件来说,捕后收集的证据并不多。这就意味着审查逮捕和审查起诉几乎建立在大致相同的证据基础之上。如果有些许的补充也没有关系，专门辟出一个地方摘录捕后证据即可，不用动原来的证据框架。

如果捕后证据对整体事实没有影响，那就连事实部分也可以沿用。当然，这也需要审查逮捕阶段就对事实进行精细化的叙述。

而审查逮捕与审查起诉的任务不同，处理结论不同，这个放在不同的地方各自表述即可。

但是对于案件的基本判断，比如定性判断、证据分析部分，很多时候都可以沿用，或者略微扩展。

通过这样的整合，就省却了捕诉两者重合的工作量，专注两者职责的区别以及证据的增量部分，可以收到事半功倍的效果。

这也是我给统一办案系统 2.0 专门的建议：一个流程、一个报告、一个案卡、一次归档。

系统一测试，别的不说，案卡项哗啦就少了一大半，减轻工作量的作用是立竿见影的。

当然了，操作起来并不是那么容易的。

这是因为捕诉一体不仅是工作内容整合，更是一种思维整合，是对以往办案模式、办案方式的颠覆，有点像从 Windows 系统到 iOS 系统的跳跃，办案人员不适应也是非常正常的。

二、

捕诉报告一体化表面上是解决重复劳动——当然这也是明

显的效果，但根本上还是捕诉思维的融合。

也就是说，你在审查逮捕的时候写的报告，最后要沿用到审查起诉阶段，一直到归档。

你开始的时候写细点、多写点，以后就省劲儿了。你是在给自己干活，所以也就没必要偷懒。

而且这是一个报告，不是两个报告，甚至不需要调整格式和结构。

从捕到诉，这个报告只涉及更新版本的问题。在审查逮捕的时候打的报告，实际上相当于审查报告最终版本的未完成形态，这有点像以前审查起诉阶段退回补充侦查的报告。那个报告也没有特殊的格式，也是按照审查起诉报告的格式打的，只不过是未定版而已：它不是最终结论，证据也没有完全到位。但是格式与最终完成版的格式完全一样。事实上，审查起诉阶段往往要打好几份报告，一退要打一个初步的，二退的时候进一步完善，结案前完成定稿。甚至结案的时候都不是最终定稿，在出庭阶段可能还有新的证据出现，还要再进行补充。

事实上，审查报告从来不是一次完成的，从来不是一个报告，而是在一个格式下版本不断迭代的产物。而这个报告的格式框架就构成了我们思维的框架。在公诉阶段，这多个版本的报告就构成了公诉工作不断推进的过程。

因为审查逮捕阶段时间比较短，全程往往就只有一个版本。所以按照审查逮捕的思维，审查报告往往就是一次性搞定的。

但是公诉人都知道，对于复杂案件，这是不可能的。

捕诉报告的一体，无非就是在公诉报告多个版本的基础之上，多了前面的一个环节，这就像审查起诉报告的前传。

但是它们被整合到一个报告格式下，其实就是整合在一个思维框架之下了。

三、

事实上，影响最大的其实是审查逮捕阶段以及审查逮捕到审查起诉之间这两个阶段。

也就是捕诉报告一体化其实是公诉思维前移的过程。

虽然是审查逮捕阶段，但是报告展开了，框架是捕诉整体的框架。

这个时候，在审视案件上就是全局性的思维了。

不是先把审查逮捕过了，把证据事实简单打一打，到起诉的时候再说了。

原来两份报告的时候会有这个问题。虽然整合到一个人身上，但是由于两份报告转换格式比较费劲，在审查逮捕阶段干的活，不容易在审查起诉阶段继承。也就是工作成果无法累积，所以检察官不愿意进行过多的前期投入。

比如审查逮捕阶段侦查卷往往不编页码，到了侦查终结移送审查起诉时再整理卷宗、编订页码。因此证据材料的位置就会发生变化。

所以,很多"聪明人"就在审查逮捕的时候打简单一点,在审查起诉阶段再完整梳理证据。而且反正也是两个报告,这样做起来感觉更省力。

但问题是这样的话捕诉一体的真正价值就浪费了,同一件案子还是被当作两个案子办了。

捕诉一体最重要的作用,是公诉思维前置,在审查逮捕阶段就对证据进行实质化的审查,从而对侦查进行必要的引导。在侦查初期就将证据完善好,从而使后续的公诉、审判环节省力、高效。

而且证据收集在侦查初期也更容易,尤其是当时侦查还没有终结的时候,侦查人员也更愿意投入精力。

也就是有事早点说:很多证据的查询、收集、固定都有一定的时间限制,说晚了,就没有用了。

如果是因为审查逮捕报告的内容无法被审查起诉报告有效吸收而偷懒,就等于捕诉白整合了。

而捕诉报告的一体化,就是要解决人合心不合的问题,从而实现捕诉的身心合一。

也就是从一开始就当作一个报告来打,当你把它当作一个报告来打的时候,实际上就是在当作一件案件来办。

从一开始就是在为全局负责,而每一次努力,都不会被浪费,都自然成为下一个版本的基础。

后续的完善只是相当于改这份报告。

那这个时候捕与诉的界限就变得不那么明晰了。捕的时候不是光为了捕，而是要第一时间把证据审查到位，从而确保该提的补证意见都提全了。而且自己记录这些证据也要确保完整，也就是按照公诉标准摘录、分析，从而保证到公诉的时候就可以尽量不动报告了。

也就是只要捕前的证据，几乎不用再重复审查了，一次审查就到位了。

专注于捕后的证据，就把捕后的证据当作退回补充侦查之后的证据。

而且给它们专门留个地方，就叫捕后证据，放这就行了。

当然，这需要与公安的协调，要求他们对捕后证据单独订卷。这个也并不复杂，因为补充侦查的证据也是单独订卷的。而捕前的证据页码也提前固定好就不要变了。

这个审查报告的证据不用来回调了，这样其实都省力。

如果起诉认定的事实有变化也没关系，单独起了名就行啊，就叫"审查起诉阶段认定的事实"，然后在这个部分单独展开叙述。同理，对两个阶段的分析意见也是一样的。

不管是报告还是什么，我的经验就是你自己做的每一项工作都要好好做，都会成为以后工作的基础。

当你有新工作的时候，你还会感谢自己，感谢当时的你这么认真，为现在的你提供了方便。

报告一体化也是这个道理,它是将前后工作有效累加整合的容器。

只有容器做好了,确保付出不会浪费,才会真心投入。

四、

而在捕与诉之间原来有一段空当时间,也就是捕后侦查时间。原来由于捕诉报告的分设,就没有什么载体可以承载这段时间的工作内容。

这往往就会导致捕后侦查工作空转的现象。很多时候逮捕完就完了,案子就放那了。生生放几个月,侦查期间用满了才想着移送审查起诉,导致人为延宕了办案时间。

由于这一阶段处于两不管地带,确实很少有人关注。如果捕诉报告分开,还是会让人产生"这段时间不归我管"的错觉。

事实上,捕诉一体之后,审查应该是一个连贯的过程,并不能因为处于侦查阶段,案子没有移送过来,就可以不管。

至少要对侦查羁押期限进行审查,也就是报延,这在以往都是形式性的审查。但是由于有了捕诉一体版的报告,就可以单独开辟一个区域作为这段空白时期的审查地带。

既然是一个报告的不断迭代,继承了前一阶段的信息,在后一阶段自然就会看到。比如,在审查起诉阶段可以看到审查逮捕阶段提的补证意见有没有落实。如果落实了,就要随时进行审查,放在整个证据体系之下进行审视。一旦达到事实清楚、证据确实充分的标准,就应该要求公安机关立即移送审查起诉。如果补证意见迟迟没有得到落实,就要及时跟进督促,确保及时落实。

这个在审查逮捕之后就一直不断完善的审查报告,随时都可以成为结案报告,可以为案件立即画上句号。这样既无须等待捕后的侦查空转,也无须审查起诉的重复审查,审查工作随时进行,结案工作可以随时完成。

现在我们知道,在案件上所费的时间很多时候只都是折腾审查报告耗费的时间,要想提高办案效率,应该首先从不折腾报告开始。

而案件节奏紧凑之后,人对案件的整体认识也就越来越清晰,避免隔的时间过长把案件都忘了。审查起诉的时候就像面对一个新案子一样再重新看一遍。报告不折腾了,无论是报告还是头脑都会始终处于连续审查的状态。

事实上,捕诉一体的审查报告其实是在为捕诉一体建构一个统一化的思维框架。不仅是报告的一体化,更是思维的一体化。

审查报告中事实认定部分的功能

说到审查报告最重要的部分,很多人认为是结论分析部分。

但我却认为是审查认定的事实部分,因为它才最考验功力,才是审查报告的真正核心。

事实的认定反映的是承办人对案件的整体判断和把握,它是对整件案件的总揽,通过它可以直接了解全案。

你把事实说清楚了,这个案子也就基本清楚了,相当于无声地说理。

别看事实部分在整个审查报告的篇幅中占比较小,但是它其实是最有含金量的。它体现了一个承办人的综合实力;体现了承办人对证据的综合把握以及对法律的分析评价,因为这里面的每一句话都要有证据支撑,都要有对证据问题和法律问题的分析判断,体现的是承办人对整个案件的综合性认识。

可以说一看审查认定的事实部分,基本就能看出来承办人的水平了。事实上,在历年来十佳公诉人比赛的开卷考试中,事实部分所占的分值都几乎是最高的。

汇报案件时，领导有时候会让你把这个案子说一说，其实也是在试试你的水平。看看你能不能在案件的叙述过程中，把各种问题说清楚。当然，这里面可以有法律和证据的问题，但是这些问题一定要融合在事实的叙述过程当中才能显得流畅自然，既有情节和画面感，能够吸引听者的注意力，又能适时插入必要的问题分析，让事实充分发挥背景和讨论框架的作用。

这种流畅性的叙述，既说明你对案件事实、证据烂熟于胸，又说明你对案件的各种问题在整个案件的框架中所处的位置也非常明确。

你的叙述相当于在制作一个思维导图，事实就像逻辑的框架和结构，各类问题自然而然地嫁接其间。这就为案件的讨论提供了必要的语境，使讨论的时机更加恰当自然，从而保证整个汇报的流畅性。

你对事实树状结构的牢固把握，经得起反复的追问、打断，并能够随时对细节进行必要的展开，又能够随时回到事实的主干上来，就会显得收放自如。

这些都是案件事实的重要作用。

案件事实的基本功能就是对整个案情的描述，意在展现案件的全貌。

但是案件事实的具体功能又取决于它所依存的文书载体的功能，同时法律文书载体中所描述的事实还会发生法律效力，所以更要格外慎重。

比如,起诉意见书的事实代表了移送审查起诉的是一件什么案件,而起诉书所记载的事实更是代表了指控范围,同时也限定了审判范围。而判决认定的事实,那就是对被告人所犯罪行内容的具体认定(当然只是指有罪判决)。无罪判决同样也要有一定的事实,这个事实就是对案件的自然描述,同时将被告人行为显著轻微的情节,没有责任能力的情况,或者与案件缺少关联性的情况客观展现出来,这也是一种真相大白和解释澄清。

而审查报告的事实,与这份报告的属性有关系,不仅在于确定案件的自然事实,还在于解决报告的最终目的。比如,审查批捕的报告就是要解决捕与不捕的问题,自然要涉及社会危害性和人身危险性的有关事实;而审查起诉的报告就要涉及指控的全部内容,如果是认罪认罚还要提出确定性量刑建议,这就涉及很多法定和酌定情节的事实,这些事实不说清楚,量刑建议的提出就会缺少依据。

而审查报告与法律文书的意见还有一定的区别,那就是审查报告作为内部的工作文书,往往不是代表了最终的处理意见。

也就是说审查报告往往不是写给自己看的,而是写给那些真正有决定权的人看的,现在大多数时候指的就是主管副检察长。

这个事实认定部分的功能在于辅助审批,在审批者不用看卷的情况下,甚至不用看审查报告详细内容的情况下,就能把这个案件说清楚,从而提高审批和决策的效率。

虽然这与司法亲历性原则有点相悖,但是这也是目前司法办案责任制初级阶段的具体现实。

目前仍然是"抓大放小"的阶段,对于一些重大复杂的案件,仍然要求审批。

只要有审批,审查报告作为审批载体的功能就是不可或缺的。

尤其是需要审批的报告往往比较复杂,因此事实部分就显得格外重要。

笔者建议要注意以下几个方面:

一是叙述性。笔者在《起诉书的叙述性》一文中也提到了叙述的要求,这和对审查报告的要求是相同的,就是要以将案件事实说清楚为第一目标,不用考虑笔墨的节省。看完了之后没有过多的疑问,不需要过多的补充和汇报,就是好的审查报告。

二是清晰性。必须一目了然,逻辑层次要清晰,内容要清楚具体,这是一种形式性的要求。这个形式服从于表达的内容,没有一定之规。比如案件的时间线非常重要,那就要依据时间进行展开;而如果人物关系庞杂,就有必要设计一个人物关系图,并对重要人物之间的关系进行适当描述,单位犯罪的案件也一样;如果是职务犯罪,那就有必要对任职经历进行充分的介绍,对具体的职权内容要充分地说明。

三是精细化。以往的事实颗粒度过高,只是对案件进行梗概性的、大致化的描述,很多内容甚至是直接照搬了起诉意见书的事实,是不利于对案件证据进行全面把握的。虽然也没有故意曲解事实，但是由于遗漏了很多关键的细节，就使得案件具有很大的解释空间，而在证据摘录也不全面的情况下就容易使审批者陷入错误认知。事实上，有些案件的细节对案件的走向是具有决定性意义的，是不可或缺的，是决定案件面貌的。对这些细节的取舍实际上就相当于对案件面貌的改写。当然也有可能是承办人无法认识到这些细节的重要性，就无意中忽略掉了。为此，应该建立更加细密的事实网状结构，尽量穷尽所有的案件细节，给审批者完整的事实面貌，以供其进行全面审查和判断。

四是严谨性。报告要求对事实进行具体化和精细化的描述，事实中的每一句话都要有证据作为支撑，不能脑补细节，不能人为夸大、拔高事实，因为案件事实是案件的处理基础，相当于打地基。如果事实是虚假的话，就相当于将大厦建立在沙土之上，随时都会轰然倒塌。因此，案件事实的描述虽然要求全面、充分、流畅，但并不是要花哨、夸大，宁可用朴实、白描的语言，也好于文学手法的修辞，因为这毕竟不是写小说。

如果审查报告有修辞学的话，那就是冷静和客观。

事实上，审查报告的功能在于通过详细叙写的方式来倒逼对证据的精细化审查，确保每一个事实点都可以经得起推敲，而构成事实网络的事实点越是细密，就越能接近案件的原貌，从而为案件处理的判断奠定坚实的基础。而在有些事实点写不下去的时候，可能正是案件证据链条缺失的时候，那就需要再多地收集一些证据。而有些关键事实节点怎么都无法补证到位，导致事实结构无法合龙的时候，那就意味着这个案件定不下来。

以往一带而过，宜粗不宜细的事实描述方式，实际上代表了一种消极性的审查，是一种对案件质量的睁一只眼闭一只眼的态度，而且也放纵了侦查长期的低质量运行，最终一定是司法产品的质量堪忧，甚至冤错案件频出。

所以，案件事实又具有着重要的质量监控功能，是把住批捕起诉关的具体体现。

事实描述要是糊弄的话，那又如何能够确保证据分析、法律论证的质量？因为从篇幅上讲，证据的质量是很容易淹没在大量的摘录之中的，因为这不用动脑。而法律分析，也有很多模式的套话和教科书的阐述可以抄录。

唯独这个事实部分是没的可抄，编的话一触碰到细节就容易露馅。这就像说谎话，笼统编一句瞎话是容易的，但是要编得有鼻子有眼，就会直接挑战人的道德底线，不是所有人都能做到。因此，对案件事实的充分性描述也是在用人性防线来确保案件质量。

而案件事实的精细化，也必然为指控的精细化和出庭的实质化提供坚实的基础。

可以说，案件审查报告的事实描述能力和水平，其实是一面镜子，既能折射出我们的能力和水平，也体现了我们的理念和价值观，同时也是司法改革实际运行成果的试金石。

对于不明确的事实，审查报告如何写？

审查报告中的事实与起诉书中的事实的不同之处就在于，起诉书中的事实一定是明确的，因为如果不明确，就无法起诉，或者说无法确定哪部分可以纳入指控的范围。

但是审查报告不行，不明确的事实也要写。

这是因为这些不明确的事实，也是公安机关移送过来的，也要个说法，不能就这样不管了。

而且所谓明确、确实，只是一个相对的概念，往往还有矛盾的证据在，二者之比有时候是1∶1，有时候是2∶1，还有时候是3∶2，这都不好说。尤其是经济案件，没有多少是完全严丝合缝的。

对于这种"存疑"的事实，该如何表述呢？

有人认为，既然是事实，那就必须具有确定性，不确定的就不是事实，那是证据分析。不管证据怎么矛盾，你只要把心中采信的那个结论写上去就行了。

但我并不同意这种观点。

我认为审查报告中的事实与法律文书中的事实有着很大的区别，因为它不具备法律效力，它处于一种内部的待定状态。

当然，从理想化的角度看，最好是有一个非常明确的、毫无争议的事实，但实践中这几乎是不可能的。

如果你认为舍弃了证据之间的矛盾，只将你心中所确信的事实写出来，表面上看自然是流畅、明确了，但会给人留下证据完全没有问题的错误印象。即使后面有证据分析，也难以与事实形成特别紧密的关联，从而产生误导。

这个时候完全可以将部分证据放入事实当中，成为事实的一部分。

没有必要过于纠结事实的一定归事实，证据的一定归证据，叙述的方式应该服务于功能。

事实上，事实都是对证据的概括和提炼，事实与证据不可能完全割裂开来。

有的时候，就是不能完全从证据之中得出一个确定性的结果，确定和不确定的占比旗鼓相当，你采信哪一个可能都是偏颇的。

当然，存疑时应当有利于被告人，但是这还要从整体上综合判断完事实和证据才能得出结论。

如果从基础性信息就开始裁剪，那就很容易对决定者产生误导。当然这也是我们追求亲历性的原因：最好是自己审查自己决定，那就不会出现什么信息剪裁的问题。这也是我一直主张的发展方向。

但是在现阶段还不能完全做到，在很多重大复杂案件还是需要审批的情况下，对审查报告的事实问题还是需要予以充分关注。

将矛盾性证据适当放入事实当中，目的就在于尽量避免信息剪裁，对结论保持开放性的态度，尽量提供更加全面的信息，以供决定者判断。

具体的方法有三点：

一、事实主干清晰，部分事实有矛盾证据的

那就按照主干进行确定性的叙述，可以直接说：什么时间，犯罪嫌疑人干了什么事。描述具体行为的时候，如果在这个细节的点，有什么矛盾证据，就直接将矛盾证据体现出来。比如，可以在说完这个点之后说："但是，犯罪嫌疑人对此辩称……"也就是说虽然多数证据证实的是一个结论，但是犯罪嫌疑人不认可，还提供了一种具有一定合理性的解释。阅读报告的人，在看到事实主干的同时，也可以看到不同的可能性，当然这种可能性只是补充性的。

二、事实主干也不清晰，只有部分事实清晰的

这种情况下，就只能以能够确定的事实为锚点进行叙写，这些少量能够确定的事实，就像坐标，先定住。比如时间顺序、

人员关系、案件的背景、损害的结果、大体发展过程，等等。再乱的事实，也会有明确的事实点，这些证据往往是通过客观性证据固定下来的，或者与定罪量刑关系不大的背景性证据。虽然不能发挥定罪量刑的作用，但可以发挥事实之筐的作用，可以以此形成框架，把相互矛盾的证据往里装：案发的起因不明，在什么时间，甲和乙发生冲突，乙受轻伤，这都是客观的、确定的。然后接着说：乙称是甲把自己打伤的，但甲辩称是乙先动手，自己是正当防卫。如果双方各执一词，又没有摄像头，往往只能这样表述。你不能因为相信甲乙任何一方，就直接写上一个确定性的事实，就好像证据之间没有矛盾似的，这就会得出错误的结论。

当然这只是为了简化例子，往往这个时候还要分析一些证据的细节。比如致伤的情况，是不是"拳击手"啊，当时的情景啊，有没有证人啊，具体的起因啊。不是说干巴巴地把矛盾证据一放了之，要把这些看似冗余的细节性事实尽量全面体现出来，可能在你无法得出结论的时候，有经验的检察官却可以得出一个确定性的结论。

三、部分环节无罪证据占优势，但有罪证据也不能完全排除的

对于这种情况，也不能只写无罪的事实，有罪的证据也要体现。但是有罪的事实，就不宜作为主干出现，这种结构安排

本身也体现了一种倾向性，那就是将无罪当作一种事实主干呈现。就像在描述一个客观事件，而不是一个犯罪事实，但是在客观事件的环节描述完之后，有罪证据还是要摆出来，就是说明这不完全是子虚乌有的，还是有证据支撑的，有些也有一定道理，从而使犯罪嫌疑人仍然带有一丝嫌疑。通过这种结构安排也可以让人明白，无罪应该是主流。但是对这种有罪证据到底怎么看？包括这个有罪证据，与其他有罪证据之间可能会形成什么样的一个结论？还没有定论，报告就通过客观呈现，体现了一个开放结论，供审批者判断。

当然，这也再次说明了事实不是纯客观的，它必然包含了承办人对证据的理解、判断和取舍，是经过主观粘合的客观。对事实的判定也反映了一个人的价值观。如果心长歪了，写出的事实也不可能是正的。

需要强调的是，在事实中适当穿插一些证据这种方式是一种不得已，体现了一种对证据矛盾的开放态度，既不应该完全排斥，咬牙得出一些"确定"结论——所谓确定性永远是相对的；也不能将事实作为证据的简单堆砌，一放了之。在事实中安放的证据一定要高度的浓缩，主要体现事实点的另一种可能性，应该点到为止，避免将事实与证据分析完全重合。

事实的本质还是对案件全貌的综合性描述，其实没有一定之规，以清楚、全面为第一要义。能把案件说明白的事实，就是好的事实。

审查报告的事实之网

每当我撰写审查报告事实认定的时候,那一定是最后结案的一刻。

因为事实与最后的结论自然是高度统一的。

这个时候,我往往需要特别安静的环境,案件的全部信息涌入脑海,盘旋、凝固成叙述性的话语。我据此认为,事实的撰写是办案全部过程中最有创造性一部分。因此,我对心流状态的要求也特别高,比如特别投入,心无杂念才能写进去。所以有时候我会写事实认定写到半夜两三点,因为我自己也停不下来。

由于我特别强调事实的叙述性和精细化,因此写的事实往往都很长,最长的可能会有二十多页,这些事实对我来说就是这个案件本身。

事实就是案件处理意见的叙述化表达,而处理意见就是事实叙述的自然结论。

两者会出现反复地相互校正细节的过程。当然最根本的还是取决于证据，进一步就是取决于你对证据的理解，还有对法律问题的理解。

事实虽然不说话，但是其中隐含的逻辑都是与之完全相通的。

因此，理想的境界就是事实—证据—分析处理意见三者的有机统一。

而这三者之中，由于事实具有较强的叙述性、开门见山、统揽全局等方面的特点，尤其是受到阅览者的关注：你可以不看证据，甚至不看分析，但是你一定要看看这个案子到底是怎么回事。

这就是事实本身，有时候还要承担事实—证据—分析处理意见的三重功能。

你可以抱怨说，这是审批者太懒了，要批案子还不愿意看完完整的报告，只是看事实。

当然你的抱怨也没有错，但是这并不能解决问题。

有时候可能是因为忙，有时候就是单纯地不愿意看完报告，还有的时候是因为你的报告写得太长了。

为了高效处理案件，从人的惰性和认知特性出发，这几年我对事实认定问题也做了点研究。目的就是减少汇报，减少领导看不明白又来问、来沟通的情况，最大限度地提高审批效率。结果就是我报批的案子，极少被打电话要求补充说明，尽量实现线上一次过关。这样，也节省了大家的时间。

其中起主要作用的是事实认定，我通过对事实的详尽描述，确保领导一次就能看明白、无疑问，直接做决定，当然领导基本都是同意我的意见。

详尽的事实还能发挥说服的功能，因为详尽本身就会增加说服力。再加上我之前也提到的，把有疑问的证据直接在事实中适当体现，这样就能更加体现信息的全面性和开放性。看这个事实就跟听汇报一样，没有任何藏着掖着的，知无不言，信息完整，从而也帮助领导下决心。这样我也会省点事。

另外，详尽的事实也会帮助提高审查的精细度，从而帮助发现事实的一些漏洞，并能及时地弥补。而这些地毯式、完整性的审查和补证，不仅是织补了一张详尽的事实之网，方便审阅，更重要的是让我对这个案件的最终处理更有底气，更有信心。

这张事实之网能过我这一关，那出庭就没有问题。法官能想到的，我都已经考虑了；需要调的证据，都提前都调好了，除非是调不到并对事实没有决定性影响的，否则尽量保证提前准备齐全，这样也让法官省心。

有一起伤害案件，当时侦查的证据有点粗糙，几名被害人倒地的位置在证据上不是特别清楚，但是时过境迁，很多证据也没法再补充了。

我根据现场模糊的录像，结合几名被害人的衣着、伤势、是否手持东西等情况，根据被害人的陈述、同案犯的证言、现场的一些细节……总之通过这些细节的勾连,将几名被害人的位置确定了,尤其是现场监控录像中出现的被害人身份确定了。在出庭的时候,结合讯问和我自己的出庭意见,将三个被害人的具体位置说清楚了。

等于是通过我的嘴把不清楚的事实清晰化,为最后认定上诉人的行为责任奠定了基础。

等我说完这些,出完庭,法官还特意感谢我,说我能把被害人的位置说清楚,太重要了。

这就体现了事实之网的另一个功能:它直接可以为出庭服务。

虽然我们出的是二审庭,没有起诉书要宣读,没有完整描述案件事实的机会。也就是说我写得那么详细的事实认定,是不可能在法庭上念的,那写那么细还有用吗?

有用。虽然我不会念事实认定,而且我也不会念出庭意见——因为我是脱稿出庭。

但是当初精细的事实叙写,让我对整个案件有了一个特别清晰、精细的轮廓把握,既有完整的梗概,也有鲜活的细节。

这些其实就是我出庭的基本盘,因为我知道这个案件是怎么回事:结构怎么样;哪些是没有争议的;哪些是可能有争议的;而可能有争议的点,在事实上的坚固程度又怎么样;哪些点有什么相反性的证据,或者上诉人会有什么辩解……我都很清楚。因为在叙写事实的时候,我也要求自己把这些都写透,当然领导也看得更清楚。作为能够写出这些精细化事实的人，我如何得出来这些事实，有哪些事实支撑自然也很清楚，甚至有些证据就是我后来调取的。

所以当辩护人展开攻击的时候，我就知道他想表达什么。

虽然有些案件比较复杂，但是在局部范围其实它也是一个相对封闭的结构。比如，一个案件有多少证据是有限的，即使有些证据有矛盾，但是矛盾点也是有限的，对于这些矛盾点的解决方案和可能得出的结论都是有限的。

当你精细化编织事实之网的时候，就是你将这些有限的可能尽量收入脑海的过程。你了解的这些信息和可能性越多，得出的处理结论就会越客观，出庭的时候应对辩护方的能力就越强：因为都在射程之内嘛。虽然有不确定性，但是不确定性也是有限的。

以往的方式就主张弄三纲一词，以此把不确定性提前憋出来。

其实是路子走偏了，虽然很多人仍然将此奉为金科玉律，但我认为这个套路应该在未来的庭审中淘汰。

为什么这么说呢？

一是因为三纲一词既然是书面的，那就不一定是自己写的，一旦不是自己写的，在法庭上现翻就是来不及的，因为你并不真正理解这些内容背后的含义。

二是如果你对案件审得比较粗糙，事实之网比较疏漏的话，对案件的有效信息以及可能性自然就了解得有限。在信息掌握有限的情况下，又能预测多少可能性？也就是说你案子都没办透，你又能预测个啥？三纲一词就成了走形式，摆设而已。

三是虽然说不确定性和可能性是有限的，但是它是动态的，是随着庭审的变化而变化的，也不是完全固定的、静态的，所以你那个答辩提纲就会有点纸上谈兵的感觉。因为兵无常势、水无常形嘛。你必须将这个事实之网装到脑子里，不断与现场发生的变化进行结合，不断动态地作出反应，才能真正与庭审契合。因此事实之网精细化的目的不是让你背下来，而是通过它与证据、分析、结论三位一体的互动、相互校正，让你理解案件事实推导的过程。你不是记住了一个结论，你记住的是推演的过程，也就是事实之网编织的过程。

这些网络和过程，是将整个案件放入脑中的过程。不是写一个干巴巴的提纲出来，而是将案件吃透。整个案件通过事实的网络结构，在脑中方便记忆和调用，因此它是一张活的网络。只有这张活的网络才能真正降低案件的不确定性，才能让你对案件胸有成竹，随意调取信息。

虽然我们不像公诉人那样宣读事实，但是如果法庭有需要，比如上诉人避重就轻，回避关键事实，或者混淆视听，那我们就可以随时调用案件的细节，在辩论的过程中，甚至在讯问的过程中，直接在法庭上展现。有些时候可能是对监控录像所展现事实的细节描述和刻画，从而还原现场，通过画面感的语言形成说服力。有些只是四两拨千斤的反问，也能够发挥以正视听的作用。

我承认这种精细化的方式比原来的方式要累，但我想说的是这种方式的回报也更大，你会觉得这一切都是值得的。

不仅领导省心，你也提高了报批效率，而且领导逐渐还会对你放心，增加信任度，从而进一步提高案件办理的效率。这种信任度一旦建立，即使你拿出一些有挑战性的结论，领导也会倾向于同意。如果你一直办得比较糙，突然说案件不够，那领导就会担心是不是你审查不到位。但是如果你的审查一直比较到位，事实认定比较精细，对于拿出颠覆性意见的案件事实就更要格外精细，这样才会让人放心，从而放手。这样才能保证案件整体的处理效率。

而在案件的处理上，虽然前期是烦琐的，但是尽量可以实现一步到位，减少程序反复，甚至与法官的沟通都很少，这也节约了不少精力。最主要的是，出庭的时候你会很有信心，当初看得就很细，法庭上可能产生的争点都在心里，如何应变也就是么回事儿，也就不需要将所谓的预测点记录下来。因为这种内心的确信和预判其实也是一种弹性的思维，也很难完全记录下来，但它们会在法庭上自动运转。

事实之网其实不是别的，它是一张思维之网，只是通过事实和证据的方式呈现出来了而已。

第三章 境界

拒绝司法平庸主义

在《你办的不是案子,而是别人的人生》以及之前的一些文章中,我一直力图传播这样的观念,就是一种把人当作人的观念。即使他犯了罪,我们也要问他是如何走上犯罪道路的:哪些是可以避免的,哪些是情有可原的,有没有一些不得已的原因。要设身处地想一下,如果换做我们又能怎样?不是处罚一个人了事,最重要的是解决这背后的根本问题。我们在办理案件时并不比对方高一等,他们那些不得已的命运和处境,谁又敢说自己能够绝对幸免?我们都是芸芸众生中的一员。当然这些认识也不是一下子形成的,就像树一样有一个自然生长的过程,这个过程也是不断克服落后的执法观念和思维方式的过程。

一、年轻人,多干点活累不死人

认识人性其实是从认识自我开始的,从身边人、身边事开始的。

记得刚上班的时候，处里的老同志就跟我这么说过，咱们这儿的活累不死人，多干点有好处。所谓技不压身嘛，这个道理我们打小就知道。有的人会觉得这就是骗年轻人多干活的说辞，但是我选择相信。否则偷一点懒又能干什么呢？

当时整个部门来了两个大学生，我是书记员，另一个是内勤。因此，我一直也没有一个固定的师傅，实际上是帮着全处打案子，排队打。

不像去公诉处的人能够相对固定，好像学得可以细一点。我对大家来说就像一块公共草坪，也没有什么方法可传授给我的，给我发一个模版，卷宗拿过来，就开干。干完了，下一个又来了。但这也有一个好处，那就是他们对我拿什么意见很少挑剔，我可以自己作出实质的决定。

某种意义上说，我从上班第一天起就独立办案了。我也喜欢自己思考问题，我办案一般不太找别人商量。有问题查查书，问完人有时候还是要再查一查，总是不太放心。可能也是因为他们的语气和措辞相对随意，而且论证也没那么有说服力，让我将信将疑，但这样至少可以避免出现硬性错误。

有的时候，要是提出不捕的意见，我会问一下师傅，但是因为我有自己的理由，师傅也只能接受。而不捕往往还是需要跟处长汇报的，那基本也就是我来说了。后来我知道，其实这些师傅最开始也是要翻一翻卷的，后来发现我考虑得也比较细，干脆就放心让我打了。人总是有惰性的吧。总之，我是在一个很宽松的环境中相对自由地成长的。

　　由于给各位师傅打案子,所以我在比较短的时间内就接触到了很多类型的案件,为以后的成长奠定了一定的基础。事实归纳能力,就是从繁杂的证据中迅速建立事实结构的能力,是需要大量办案经验的积累的。

　　现在的年轻人,尤其是助理,有些心态并不好。认为办案是一种负担,要看着权利义务清单考虑自己的工作任务,有些人会抱怨别的员额不如自己,很多工作都是自己做了,员额啥也没干。还有人认为案子是员额决定的,员额就应该多干一点,对员额分配的案子干得粗一点、工作拖拉一点没什么,等到自己当员额的时候再认真。反正员额的工资比自己高。这种消极的心态其实什么时候都存在。从公平性上讲也许是有一定道理的,但是这些对成长并没有帮助。你希望员额多干一点,这是没有错的,但是相对而言你还是缺少经验,更需要成长的其实是你。

　　成长的基本法则就是,经验和能力其实是干出来的。不是任何人赋予的,不是给了你员额身份你就有能力了,或者学历高、读书多自然就有办案能力了,而是需要在实践中体会。司法是实践性非常强的工作,这和医生是一样的。其实你不是在给别人干,你是在给自己干,你是在给自己的未来干活。你的司法经验都是案件堆出来的。你在推活、躲活的同时,实际上是在放弃自己成长的机会。

有些助理还会排斥做一些基础性的工作，认为那是书记员的工作，也会排斥一些综合性的工作。成长的一个简单道理就是要学会不挑活。我们那会儿也没有那么多书记员，要是助理检察员的话就已经独立办案了。现在的大学生起步就是检察官助理，没有经过书记员这个过程。我当书记员的时候，几乎半个处的卷宗都是我归的档，一天就能归几十本，也没有觉得有任何不妥。当然，批捕卷宗简单一点，但是不要忘了那时的卷皮和目录还要手写。我到了公诉的时候，书记员怀孕，生孩子了，从发告权到订卷都是我自己干，累是累，但是感觉很踏实。而且订卷能教会我们很多书本中学不到的东西，以及师傅可能也会忽略的东西，但那是真正的司法流程，是真的东西，你会知道哪些是最关键的、哪些是需要小心的、哪些是从一开始就需要注意的，一目了然。整理卷宗的时候，实际上就是在掀开司法这台机器的后盖。

从某种意义上讲，打案子是一种实体性的锻炼，订卷是一种程序性的锻炼，都是有意义的。让你干基础活，可能是师傅想偷懒，但在锻炼你的司法基本功的问题上，它又可能是一件有意义的事。而事实上，偷懒只是一种理解，从更自然的角度上来看，对于那些经验丰富的前辈，不是更应该让他们腾出时间来思考那些更为实质性的司法问题吗？而且从分配工作、锻炼团队这个角度来说，他不是更应该有决定权吗？依仗自己的机灵、泼辣、蛮横，可以欺负员额，让自己多享点清闲，根据自己的意志确定组内的分工,让员额忙得团团转,好像实现了矫正正义,但失去的是你成长的阶梯。

没有什么工作是白干的。

在干活的时候,我们才是一个司法工作者。事实上,回顾我们的职业生涯,不是由偷懒、闲聊构成的,而是由干的一个又一个的活儿构成的。这些活儿构成了你的职业生命。这一次疫情,让我们更加认识到一点:工作其实是人类的需要,我们需要找到自己存在的价值,个人价值是通过他创造的社会价值体现的。我们已经承受不起那些不可承受之轻,很多人都发自内心地想上班。

这些办理的案件,以及在工作中磨砺和秉持的态度,实际上构成了我的司法观念的底色。

我感谢那些给我案子的师傅,虽然我只是书记员。

我从未抱怨他们没有干活,相反我由衷地感谢他们给予我的信任,没有武断地修改我的处理意见,给予我极大的职业信心。他们不是没教给我东西,只是在闲聊之间就给了我启发,他们看了卷,但我却不知道。

他们是那些教我学会骑自行车的人,因为最好的方法其实就是鼓励和放手。

记得刚来公诉处的时候,我很尊敬的公诉前辈王哥,就把他的案子给我出庭,因为他确实也有事儿出不了。我没有感觉这是一个活儿,而是一份莫大的荣幸。他也说,他是不会轻易让别人出他的庭的。因为在批捕的时候我们会将报告提供给公诉人，供他们参考，王哥看过我很多报告，因此他对我有信心。

虽然，这是我人生的第一次出庭，我连基本的出庭流程都还没有搞清楚，内心是极度忐忑的。我反复翻阅了出庭规范，将十佳公诉人出庭录像看了许多遍，才战战兢兢地来到法庭上。而且那个案子奇葩之处还在于，公诉人的意见与辩护人的意见基本一致，但与被害人及诉讼代理人的意见不一致，矛盾的焦点转移到了公诉人这一侧。

而我的第二个庭，也是我自己案子的第一个庭，检察长就指示搞成全院观摩庭，公诉人能去的都去了，辩护人又是一个知名律所的合伙人，我为此进行了大量的准备。就在这种焦虑和煎熬之中，我收获了成长。

我来批捕处的时候，师傅给了我一些审查报告模版，很多都不一样，有些表述方式也需要推敲。后来，我学习了全市优秀的范例，又结合了一些我自己的理解，形成了一些自己的风格。我从批捕处出来以后，老处长还向我要了一些我自己写得比较满意的报告，说是给年轻人做模版用。

我记得，当时知道批捕处可以向公安发《提供法庭审判需要证据材料通知书》，要求侦查机关在捕后继续补充证据供起诉、审判使用之后，我就开始经常发这个。因为我发现一些案件中的证据，虽然批捕够用了，但是还有一些缺失，以后早晚要用，而这个时候公诉人还不知道，我不提这个醒，那以后审查起诉

第三章 境 界

的时候就得退回补充侦查,但是侦查时机又没有了。很多老同志不是很理解,认为自己没捕错就行了,费那个事干吗?他们也不是反对,只是认为没必要,没必要把自己弄得那么累。

我只是觉得,我能帮上忙的就应该帮,何况是举手之劳?我们的目标不应该停留在"没捕错"就完了,而是应该对这个案子负有终极的责任。这种终极的责任推动了我发出这些通知书,虽然是否完成也没有人再和我说,但是只要有可能帮上忙就行了。

到了公诉处之后,我最喜欢的就是办自己捕过的案子,而且我也发现,我的这些通知书其实都没有浪费,都在预审卷里订着,有些侦查机关还做了大量的工作。而有些人捕过的案子,我一看就知道报告要重新打了。这些都在我预期之内。

但是最让我失望的是,我自己捕的案子终有办完的那一天,剩下的都得重新打了。

二、没有谁一定是对的

在批捕处的时候,我就对公诉充满了向往,觉得他们是高人一等的。出庭是一项很难企及的司法技能。很多业务高手也确实在公诉,我有些案子,其实更愿意向他们请教。

不少批捕的案子,最后做不起诉的话是要写自查报告的。当然由于我不挑活,处里的自查报告基本都是我写的——不管最后署名的是谁。很多时候,我们都会在自查报告中坚持批捕的立场，体现捕诉分歧。但我知道，很多时候，公诉的意见更在理。当然也并不意味他们都是对的。

记得有一次，我在打报告，处长让我直接去检委会，也没说什么事，我就过去了。原来检委会在讨论一件我捕的强奸案要不要起诉的问题。是公诉上会的，自然准备得比较充分，我之前也不知道，也没做任何准备，都半年了，只能全凭记忆了。现场已经讨论了一半，临时把我叫过去，看样子是有一定分歧。

公诉人继续强调犯罪嫌疑人使用暴力和威胁的证据不足，公诉处长很有经验，让公诉人直接宣读一些被害人对强奸问题有些含糊的陈述。然后，检察长突然转向我说，批捕的承办人说说意见，我这时候才刚听明白个大概。因为从头到尾都是我办的，我也仔细思量过，所以印象还比较深。

我说这个案子有一定的特殊性，强奸罪明确规定可以通过暴力、威胁或者其他手段，这个案子里就是其他手段，被害人是未成年人，犯罪嫌疑人与其有亲属关系，多人在一个大床上正常睡觉，第一次发生关系时被害人就明确表明不同意，但又怕把别人都吵醒，因为是亲属，她以为不会有下次了，而且还怕父母知道，因而没有明显的反抗和叫嚷。犯罪嫌疑人以此作为要挟又多次与被害人发生关系，并且说让被害人的父亲知道的话，他会杀了咱们俩。果然被害人怀孕之后，被害人的父亲真的就要去砍犯罪嫌疑人。其违背意愿是明显的，通过亲属关系以及被害人父亲的脾气，通过羞耻感和恐惧感对被害人构成了一种心理强制,这也是一种强奸。最终检委会多数同意了我的意见,起诉后被告人最终被处以十年以上的刑罚。

当时在检委会上,有一种莫名的愤怒油然而生,有一句话想说但没有说出来,那就是不行这个案子我来出庭,这个案子都定不了强奸,什么还能定强奸?!对小姑娘怎么交代?!当时都已经怀孕了!

第二年,我果然去了公诉处。我内心知道,只要我仔细审查过证据,形成自己的内心确信,不管在谁面前都敢把自己的立场说出来。当时刚到公诉处,我发现法官还是一个更强大的存在,他们对案件的精细化考量,要高出我们一个层次。我想这主要是因为,他们要把案件写到判决上,判决是要公开的,而且是有法律效力的。再加上审判过程也是公开的,还可以上诉,还需要接受二审的检验。这与批捕的案头工作有很大的不同。

因此,刚到公诉的时候,很多时候我都是在向法官学习,发自内心地向他们请教问题。但这也不意味着,法官都是对的。有的法官习惯训斥被告人,开庭之前先训一遍,尤其是盗窃、抢劫这些案件,据说是为了保障庭审效率,但是有时候训得我心里都不得劲儿。这样到底对不对?但是效率确实高了,因为辩解少了。

后来我主要办经济和职务犯罪案件,这些案件中法官一般就很少训斥被告人了,因为训了也没用,而且他们以及他们所聘请的辩护人更有权利意识,训了会适得其反。但这往往又会走入另一个极端，就是法官开始训斥公诉人，不让公诉人及时对辩护人的质证意见进行答辩，老是希望我们留到最后辩论时一块儿说。但是那样往往时过境迁，而且谁又能记得住那些细节？所以有时候就只能硬说：不解释一句，就过了一个认知契机了，就会留下了一个错误的印象。这个印象是很难改变的。

刚开始我接法官电话是非常紧张的，怕听到这几个证据连不起来，需要补一补，有几笔事实可能不好定之类的话，搞得心里压力很大。很多次都会从判决宣告无罪的梦中惊醒。但磨合的时间长了，我也渐渐学会像法官判案一样进行证据审查，提前把工作都做到位。法官能够考虑到的，我提前都考虑好。直到现在办二审也一样，我一定会穷尽所有的补证可能，能考虑到的都考虑到，绝不让法官操心。

这样一来二去，我对自己的逻辑更加有信心，法官一沟通，我会说这个问题我考虑过了，但是我认为怎么怎么样。渐渐沟通变得少了，法庭上见吧，直接判吧。对于以前我非常尊重的法官，有些判决该抗也要抗：有些在证据链条或者整体证据的把握上有分歧，有些是对基于事实的法律理解有不同意见。虽然没有抗成过，但是并不说明我们就不对。而抗诉的程序是繁琐的，需要上检委会，需要向上级院寻求抗前指导，需要对证据事实更加了然于胸，对认定案件的理由分析得更加充分，更加有自信。虽然最终都没有改判，但是毕竟很多上级院也支抗了。在法院这边，也并没有因此影响正常的工作关系，反而得到了更多的尊重。法官会主动和你商量，有的时候我会说，要是这个定不了，可能要抗的，从而指控的意见也会得到更多的尊重。

虽然有事要向上级院汇报——上下级检察机关是领导关系，但也并不意味着上级的意见就都是正确的。我有一个案子，被法院改变了定性，但改不改变刑期都差不多的，本来要抗诉，分院考虑不影响量刑就没有同意提抗。但是被告人上诉了。没过多久，上级要对改变定性进行专题复查，觉得我这个案子定性有问题，要点一点，要写一个案例，当个反面典型吧。就站在判决的立场说我这个案子定性有误，我心里是不服的，我说了理由，而且也强调这个改变定性也不典型，是检法分歧，没有指导意义。但是最重要的是强调一点，就是这个案子上诉了，判决还没生效，现在还没必要下结论，我们也想抗诉，但是分院没有同意。不久，这个案例还是出来了，说我的案子定性有问题。我心里不服但是没有办法。后来过了好久，收到了二审判决，二审判决把定性给改了回来，虽然没有抗诉，但是二审判决仍然认为起诉的定性更有道理，在维持量刑部分的情况下，改变了定性，因为有上诉不加刑的限制。随即我就把这个二审判决寄给了写案例的同志。后来，我来市院，再想找那个案例，还找不着了，慢慢就淡忘了。但这个事，也给我们提了一个醒，在批评别人的时候一定要十分慎重，我们并非更加高明，搞错了是严重影响威信的。

对于案件，我们要有一个独立的判断，不要盲目地相信权威和经验。因为有些所谓的经验可能是建立在错误的认知基础之上的,如果没有反思的话就会一直错下去。而有些经验在特定的历史条件下是有合理性的,但是随着时间的推移,或者司法改革的推进,已经成为被时代所淘汰的陋习。但是因为是师傅教的,或者大家都这么干的,又或者模版上就是这样的,就不再怀疑。而照单全收,就会一错再错。比如,现在知道抗诉书上"此致"之后应该是写上级法院,但一开始拿到的老公诉人的模版上却写的是本地法院。我查了一下法条,发现法律上明明写的是向上一级人民法院提出抗诉,问了很多人都搞不清楚,但一听是那个公诉人的模版就觉得肯定没问题了,有的斩钉截铁认为地就是本地法院。最后我通过向其他院、上级院等多方面了解,又找到一些书面资料,结合几个不同的信息源确定应该是上级法院。现在这些都规范了,基本上都没有争论了。但是当我来到市院都十年之后,房山院的同事还在问我说,到底是本地法院还是上级法院,我们那流传两个版本。我就跟他又回顾了一下这个故事。可见一个错误认知造成的影响会有多深。

还有一种观念认为,大学生来了以后是书生办案,是不了解实际情况的,书本上很多知识是脱离实际的。乍听起来,好像也很有道理,感觉我们在象牙塔待得久了,很多东西容易想当然,不接地气。而且说实在的,很多理论也确实有想当然的问题,也有不靠谱的,也不能完全相信,其实是需要我们进行取舍的,而且理论之间原本也有冲突。但是时间长了,你发现其实也不对,有很多时候书生办案是对的,因为我们是一张白纸,接受的理论虽然不完善,但是方向是正确的,是更加注重人权保障、程序正义、规则意识和证据裁判法则的,这些并没有错,只是怎么与实践相结合的问题。而所谓对书生办案的排斥,其实是不愿意走出自己的舒适区,不愿意改变过去的一些陈旧观念。他排斥的不是书生的幼稚,他排斥的是书生所带来的人性化、法治化的执法理念,以及这些理念可能带来的刑事政策变革。

例如,什么配合公安必须是无条件的,批捕主要就是保障侦查;外地人够罪就应该捕、不捕就跑了,捕了之后一般就要判实刑;"骗子"(指经济犯罪的嫌疑人)嘴里没有真话;在证据有矛盾的情况下也要写出一个确定性的事实,也就是你相信谁是对的,按照这个事实来写;这个案子原来就有判的,我知道,没问题;这个案子够不够,够了就行;我就问"人是不是他打的"的唯结果论;老拿不起诉的意见,领导就会觉得你水平有问题;出庭效果不重要,能判就行了;等等。

如果不假思索地相信了这些"老经验"、老模版、老做法,感觉我们已经成为了司法"老炮",但实际上我们只是学会了司法"油腻"。

三、我们需要关注司法的终极价值

这些年来,我感觉司法的理想主义越来越有市场了。可能与理想主义者逐渐成为中坚力量有关吧。我记得刚上班那会儿，我说过一句话，被领导和老同事们嘲笑了好一阵子，我说张明楷的教科书写得特别好。那时候那本教科书还主要在校园里流行，现在已经成为刑事司法官的案头必备。虽然观点也不是全对，但是其代表了司法认知的一次升级。

说升级也不尽然，虽然典型的冤假错案少了，但是机械执法又慢慢成为新的焦点。也可能这些在以前都不是事儿吧，大家现在只是更关注了，也说不清。

虽然我们有时候知道了形式意义的够罪判断，但是对刑罚的终极价值以及刑事司法有限性的认知还需要提升。社会再一次走到了我们的前面。

我的那篇《你办的不是案子，而是别人的人生》之所以能够流行一阵子，也体现了这样一股潮流。这也是公众对司法期待的再一次升级。

那篇文章背后有一个故事。就在前几年，《刑法修正案（九）》增加了一个罪名，叫做"使用虚假身份证件罪"。再加上快递、外卖行业爆发，新增的快递小哥特别多，他们都要骑摩托车。而送外卖的，往往需要骑油动力的摩托车，因为动力更足、不用充电，适合这个行业日益紧张的工作节奏。但是摩托车加油需要出示行驶证和驾驶证，虽然很多人都会骑，但是也有很多人没有驾驶证。如果要考一个摩托车驾驶证也需要几千块钱和几个月的时间，为了早日上岗，很多人不愿意考，就直接办了假证。有的派出所就抓，一开始用的就是这条"使用虚假身份证件罪"。这个罪名，需要情节严重，但事实上是快递小哥除了持假证加油以外没有任何其他情节。后来有些地区的司法机关最后就认定为"伪造身份证件罪"。因为快递小哥为了办假证也提供了姓名和照片，所以是让他人为自己伪造，是教唆犯，也够罪。就这样，很多派出所发现这是一个扩大案源的好机会，就在路口设卡，只要是送外卖的快递小哥都收进来，他们的证件基本都是伪造的。

很多快递小哥就这样被定罪处罚了。我们在调研时发现了这一情况，一看这个势头不对。这些小伙子不就是为了挣口饭吃吗？也没有干别的事，为什么一定要进行刑事评价？他们出来以后会对社会怎么看？这是刑罚的真正意义吗？眼见着每个月都有很多快递小哥被收进来，还有很多地方要效仿，有一种蔓延的趋势。形势很严峻，为此我们启动了紧急的全市调研，发现确实有的院也做了相对不起诉和法定不起诉，印证了我们的观点。在此基础上，我们又撰写了论证报告、类案处理意见的初稿，召开公检法联席会议进行积极会商，到最后出台意见，一共仅用了一个星期的时间。在沟通的过程中，公安机关始终是不同意的。在这种情况下，我们单方面出台了意见，明确只有在用于违法犯罪情况下的让他人伪造身份证件的行为才可以纳入刑法评价，对大量的快递小哥做了不起诉处理。最终这个类案意见与我们同期出台的其他几个类案意见一起，也被高检院转发。

在这个紧急的调研过程中，我还了解到一件事儿。就是在几年前，有一个要毕业的大学生已经签好了三方协议，准备去一个小学当老师，他也是以骑摩托车类似的情况被抓了。在提讯的时候，他当时就给检察官跪下了，他说他是他们村好多年才走出的一个大学生，如果给他判了，整个家族都抬不起头了，就求检察官能不能给自己做个不起诉？检察官心也软了，想做个不起诉。那时候，不起诉权还没有下放呢，还都要三级审批。最后处长和主管都觉得，不起诉太麻烦，以后还要复查，反正又够罪，还是要求起诉。到最后法院虽然判了一个免刑，但是三方协议还是作废了，工作没有了。最后听说，他们整个家族都从这个村子里搬出去了。这是一个案子吗？这是人家的一生啊，甚至是一个家族的一生啊！

还有那么多快递小哥啊。他们都是勤勤恳恳的劳动者，是这个社会的建设力量。快递、外卖行业这么辛苦，我们怎么能这么对他们呢？为了送外卖给车加油办假证，它对社会的危害性到底是什么？难道行政处罚一下还不行吗？还非要一步入刑？重要的是，人心是有比较的,拿他们与真正的犯罪比较之后，看不到任何相当性的时候，他们就会对社会的公正性产生根本的怀疑，本来的正能量就会变成负能量。

短期自由刑是有很大的负面作用的，他们在里面能学到什么？而负面的影响不仅仅是人身自由，刑法的污名化会伴随其终生，当他找媳妇、找工作的时候，别人不会嫌弃吗？他的子女入学、当兵、就业,展开他们人生的时候,不会受到影响吗?

我们在机械套用法条的时候,考虑过这些影响吗?我们看不见他们母亲的眼泪,以及他们将要面对的坎坷与心酸。

我们办的不是案子的流程,以及累积起来的任务量,我们处理的就是一个一个人的人生命运。

当我们说就是案子的时候,表面上是我们挥之不去的职业疲倦感,实际上展现的是一种道德优越感。因为误以为进入刑事诉讼的不是我们,也永远不会是我们自己。谁让你成为我的案子的?在我这里看到的只是案子,看不见你的人生,更不会关心你的人生。但是谁又能保证,自己、家人和朋友绝对不会卷入诉讼之中,成为别人的案子?或者不要说一定是案子,有时候只是别人的一个决定、一次诊断和一次提醒。

我们机械地套用法条,为的是尽快地完成任务指标,以便我们获得更高的业绩,以及由此带来的职业晋升,甚至只是让工作变得轻松一些而已。至于可能以多少人一生的坎坷为代价,是这些司法官所漠不关心的。我们获得的如此之少,牺牲的如此之大,却毫不吝惜。

我们还会振振有词地辩解:够罪没有,够罪不就行了?

但刑罚的本质就不再被追问,只是满足眼前的苟且。这就是司法的平庸主义。

司法的平庸主义放弃的是司法的理想,输出的是低质量的法治产品,有些法治产品的质量之低已经让人无法忍受。

司法的理想应当包括更高品质的法治产品标准。司法需求已经提升,司法环境已经不能容忍对常识、常理、常情的公然违反。

办案子的时候还要再想想别人的人生,已经成为新的法治标准。因为我们已经迈入了一个新的法治时代,人性司法正在成为新的司法价值观。

独立判断的意义

滑铁卢、中途岛与司法责任制,看似风马牛不相及,实则有着内在的联系。他们都是在反映亲身经历、独立思考、独立判断的问题。在危机的处断上,也有共通的逻辑,值得反思。

一、

格鲁希是拿破仑的一位元帅。但他并不具备过人的胆识和智谋,更不要说英雄气概。他是一位气度中庸的人,老实可靠,兢兢业业。他跟随拿破仑二十年,参加过从西班牙到俄国、从尼德兰到意大利的各种战役,他一步一步地晋升到元帅的军衔。他并非战功卓著,但也不能说没有成绩,他是经过二十年的战争煎熬,才熬出头。这些拿破仑是知道的。他就是一个老实可靠、中规中矩的人。但是那些真正的五虎上将,一半已经战死沙场,另一半又已厌倦了风餐露宿的戎马生涯。

在滑铁卢战役中启用格鲁希是个无奈的选择。

1815年6月17日11时，拿破仑第一次把独立指挥权交给格鲁希。

拿破仑的命令非常清楚：当他自己向威灵顿的英军进攻时，格鲁希务必率领交给他的三分之一的兵力去追击布吕歇尔指挥的普鲁士军队。同时，他务必与拿破仑的主力部队时刻保持联系。

但是格鲁希并不习惯独立行事，他习惯于随时听候皇帝的调遣。

当夜大雨滂沱，侦察兵的报告十分模糊。

凌晨一点，拿破仑冒雨亲自走到英军炮火的射程内勘察敌情。

凌晨五点，雨停了。拿破仑下令，全军九点前做好战斗准备。

从上午11:00到下午1点，拿破仑的主力部队对威灵顿的英军所在圣让山高地猛攻，损失过万，战斗进入胶着阶段。谁先获得增援，谁就将先获得胜利。

拿破仑盼望着格鲁希，威灵顿盼望着布吕歇尔。

拿破仑连续派传令兵疯狂地寻找着格鲁希。

但是格鲁希却在寻找着布吕歇尔，他要坚决执行皇帝的命令。

事实上，格鲁希就在距离战场3小时的地点打转转。

当战场的炮声响起的时候，格鲁希所在的部队完全能够听见。

随军将领都清楚炮声意味着什么,拿破仑已经与英军主力短兵相接了。

格鲁希也在征求大家的意见。

副司令热拉尔急切地要求:"立即向开炮的方向前进!"

其他将领都纷纷表示赞同。

但是格鲁希惯于唯命是从,他说他接到的命令只有一个:追击撤退的普军。并且他现在并没有接到皇帝新的指示,因此不能更改。

热拉尔急了,当着众将的面向格鲁希怒吼。格鲁希非常不快。最后,热拉尔恳求:能否率领自己所部到那边战场去看一下?他保证能够及时赶上格鲁希的部队。

格鲁希考虑了一分钟,说:本来兵力就有限,再分兵是不负责任的,目前的任务只有追击普军,没有其他,皇帝的命令不能违抗。

格鲁希的犹豫,决定了滑铁卢战役的进程。

下午一点,经过四次猛烈的冲锋,威灵顿的主防线已经出现了空隙。

拿破仑准备发起一次决定性的进攻。

正在此时,东北方向的树林迎面刚来了大批普鲁士的部队,原来布吕歇尔的先头部队赶来了。

拿破仑为了避免英普军队会合,要求内伊元帅必须在普军到达之前歼灭威灵顿部队。这显然是在孤注一掷了,但是已经没有办法了,这仍然有可能是胜利最后的窗口期。一万名骑兵几乎踩烂了英军的山头,英军已经濒于崩溃,最后近卫军也准备冲锋。

此时,侧翼传来了普军对汉诺威友军的枪声,原来是一场误会,但拿破仑以为格鲁希赶来了,于是命令全军冲锋。

普汉的遭遇战很快停止,布吕歇尔的大队人马赶到,威灵顿一跃而起,英军全体冲出了战壕。

拿破仑兵败滑铁卢。

当天罗斯柴尔德就得知了这个消息。

第二天,英国、德国和布鲁塞尔都获得了胜利的喜讯,巴黎也得知了兵败的消息。

只有,格鲁希还在寻找布吕歇尔的部队。

(参见茨威格:《人类群星闪耀时》)

二、

中途岛战役成为第二次世界大战太平洋战争的转折点。电影《决战中途岛》在全球上映,有机会让我们重温了这段历史。

日本偷袭珍珠港之后,山本五十六计划在中途岛建立一个飞机场,作为打击所有来自美国基地的船只,以便以后彻底占领珍珠港,进而紧逼美国本土的跳板。

所幸日本的情报最终被美军截获。

但是光有情报是不能取得胜利的。

山本五十六命令南云忠一中将做先锋,率领赤城号、加贺号、飞龙号、苍龙号4艘航母逼近中途岛,山本坐镇当时世界上最大的战列舰大和号断后。

1942年6月4日凌晨,日军大波机群顺利轰炸了中途岛,但南云并不知道美军舰队就在附近。

这支联合舰队由弗莱彻少将率领约克城号航母(第17特混舰队),斯普鲁恩斯少将率领企业号和大黄蜂号航母(第16特混舰队),尼米兹上将命令联合舰队由弗莱彻少将统一指挥,但在实际作战中两支舰队始终是独立指挥和独立作战的。

当日拂晓,美军侦察机发现了日本的航母战斗群,斯普鲁恩斯少将立即做出反应,要求企业号和大黄蜂号全部飞机超远距离起飞,冒着大多数飞机无法返航和航母没有任何飞机保护的危险向日舰发动进攻,并且没有按照作战习惯将轰炸机、鱼雷机和战斗机编队飞行,要求他们直接起飞,而且是自行寻找目标,并保持无线电静默。

7时6分,大黄蜂号及企业号全部战斗机、鱼雷机、轰炸机共计117架一同升空。8时40分,美军约克城号航空母舰上又起飞了35架战机。

7时10分,首批从中途岛起飞的10架美军鱼雷机出现在南云舰队的上空,被日本零式战机和日舰炮火轻松击落。当时零式战机的性能优于美军飞机。

7时15分，南云下令赤城号和加贺号将在甲板上已经装好鱼雷的飞机送下机库，卸下鱼雷换装对地攻击的高爆炸弹。

7时30分，日军侦察机发来电报，报告距中途岛约240海里的海面发现10艘美国军舰。南云命令这架侦察机继续查明敌人舰队是否拥有航空母舰，同时命令暂停对鱼雷机的换弹。就在南云等待侦察机的侦察结果时，空中再次响起了警报。40余架从中途岛起飞的美军轰炸机扑向南云舰队。由于美军的轰炸机没有战斗机护航，结果很快就被南云派出的零式战斗机击退。

8时15分，南云终于接到了侦察机传来的报告：美军舰队里确实有航母存在。南云下令各舰停止装炸弹，飞机再次送回机库重新改装鱼雷，日本航空母舰的甲板上一片混乱，为了争取时间，卸下的炸弹，都堆放在甲板上。

这次时间延误还不是最主要的问题。

8时30分，空袭中途岛的第一攻击波机群返航飞抵日本舰队的上空。还有那些保护航空母舰的战斗机也需要降落加油。

最新的情报让南云左右为难：第一攻击波即将降落，需要补充油料和炸弹；第二攻击波又需要重新换装鱼雷，保护航空母舰的战斗机即将耗尽油料。南云下令一面向北撤退，一面接收飞机、换装鱼雷、补充油料，而卸下的炸弹就放置在航空母舰甲板上。这大概需要两个半小时。

作为曾经担任过驻美武官的少壮派山口多闻少将（飞龙号

航母指挥官）坐不住了，主动发来急电，冒着以下犯上的风险向南云建议"立即命令攻击部队起飞"，但南云不为所动。

南云不愿意浪费一架飞机。

8时37分，返航的飞机开始相继降落在四艘航空母舰飞行甲板上。

9时18分，全部飞机的作业完毕。南云命令舰队以30节的航速向东北航行，向美军特混舰队靠近，以避开再来攻击的中途岛方面美机，准备全力进攻美军特混舰队。

9时20分，掩护日本舰队的战斗机开始起飞。

9时25分，中队长约翰·C.沃尔德伦少校率领的一队由大黄蜂号起飞的15架鱼雷机组成的编队发现了南云舰队。他曾经向手下保证，跟着他能够找到日军航母，也要求战友"即使只剩下一架飞机，我也要求他冲上去，击沉敌舰"。这批鱼雷机，最后只投出一发鱼雷，虽然命中但没有爆炸，最后全部被击落。

鱼雷机很重，本来飞得最慢，但由于很多轰炸机和战斗机都飞到中途岛了，并没有及时跟过来，才使得他们最先发现了日舰。

9时30分，从企业号起飞的14架鱼雷机也赶到了，这令日军有些大感不解。这次虽然有更多的鱼雷投下，但都没有命中。

随后，从约克城起飞的鱼雷机也到了，又扔下一些鱼雷，但是同样也没有命中。

美军的鱼雷性能当时确实有着严重的问题。但是，日军航母在躲闪的过程中确实延误了掉头的时间，导致日军航母不能及时迎风起飞战机,影响了起飞的效率。同时,也影响日军航母准备形成反击波。

虽然,美军屡战屡败,但对日军来说始终是被压着打。日军无法腾出还手的时间。

10时20分。正当日军战斗机在低空忙着驱赶美军鱼雷机时,南云舰队的上空出现了33架由克拉伦斯·麦克拉斯基少校率领从企业号起飞的轰炸机。低空飞行的战斗机的视野是狭窄的,无法观察到上边的情况。此时,日舰也正在掉头转到迎风的方向,处于极易受攻击的境地,只停放着几架零式战斗机。

这批飞机其实已经在空中飞行了两个多小时,但是一直找不到日军,后来麦克拉斯基发现了一条日军驱逐舰身后的白色浪花,他觉得这艘船应该是朝着大部队方向开,于是跟着飞了20分钟,燃油已经到了耗尽的边缘,但是还没有找到日军航母,麦克拉斯基少校决定再飞一分钟试试,最后发现了主战场,这被认为是"整场作战行动中最重要的一分钟"。

这33架轰炸机鱼贯而下,赤城号和加贺号顿时火光冲天,赤城号中了两颗炸弹,加贺号中了4颗炸弹,当时的甲板上布满了灌满油的飞机,还有鱼雷、炸弹、输油管,引起了连环爆炸。

没有起飞的飞机此时都成了炸弹。

约克城号上起飞的17架轰炸机跟着烟柱赶来,他们直接扑向还没有着火的苍龙号,虽然一半飞机都被舰上的防空炮火和战斗机击落了,但是苍龙号也中弹四枚,起火爆炸。

现在只剩下山口的飞龙号。

山口立刻命令18架轰炸机和4架战斗机跟踪刚炸完苍龙号返航的美军飞机，找到了尚未完全修补好的约克城号航母。轰炸机命中3颗，约克城号两个锅炉被炸毁，无法航行。此时，从飞龙号上后来起飞的鱼雷机也飞到了，投下两颗鱼雷全部命中。

当初主动进攻的建议没有被上级采纳的山口，现在自作主张完成了日军唯一的一次反击。

但是美军马上予以了回击，出动24架轰炸机对飞龙号进行轰炸。但是飞龙号尚有少量战斗机可以反击，在轰炸效果不佳的情况下。正在攻击其他战列舰的轰炸机，自动过来增援，形成了及时的支撑，最终将飞龙号击沉。

最终，日军4艘航母全部被击沉。

中途岛之战以日军惨败告终。

山本的作战参谋渊田美津雄在《中途岛海战》事后总结道，"我们投机取巧，缺乏大胆和独立精神，习惯于依赖别人和奉承上司，由于我们缺乏理性，往往把愿望和现实混为一谈，因而行事缺乏慎重计划，只有草率的行动失败后，我们才会理性地去考虑它，即使思考了，但往往又是为失败找借口。"

三、

滑铁卢和中途岛之战给我们以巨大的启示，事实上山口与热拉尔像极了,他们的正确建议都得不到采纳,虽然山口通过自己的擅自行动,弥补了一点损失,但是对于大局还是于事无补。他应该向斯普鲁恩斯那样当机立断,如果考虑太多、层层汇报,自然贻误战机。

南云与格鲁希也有相似之处,他们都不懂得变通,不能根据战场的变化进行调整,不懂得什么叫将在外君命有所不受。

斯普鲁恩斯是伟大的指挥官,他做出了果断的决策,但又不是一个机械的命令。与日军严格遵照制度到了陈旧僵化的地步相比,美军就灵活机动很多,斯普鲁恩斯少将只是命令"采取强有力的消耗战术给敌军造成尽可能大的损失"。具体怎么完成,没人知道,只有飞行员自己知道。

这些决定很多时候都是由中队长,甚至飞行员自己做出的,他们有"按他自己的方法做事"的自由。他们有人是根据直觉找到了日军,也有人是根据浪花,还有人是根据烟柱。他们用了不同的方法,但都得出了正确的结论。这些方法没有指挥官的命令,他们需要自己做出决定。

事实上美军的情报也是这么发现的。当时珍珠港的情报部门和华盛顿就有分歧,同样的情报却作出了完全不同的解读。尼米兹将军亲自到珍珠港情报部门实地了解情报分析的过程后,最终选择相信自己情报部门的结论。而没有盲目听从华盛顿的意见。

格鲁希作为一名军人,其实也懂得炮声意味着什么,他并不傻,他只是不敢,不愿意承担违抗军令的结果。

就像一些案件的公诉人在法庭上也不敢根据法庭的变化做出调整,他不是不懂,他只是不敢。

这就是我们要实行司法责任制的根本原因。

将在外君命有所不受,是因为这里的情况皇上不了解,不了解就做决定会害死人。

案件的情况谁最了解?承办人最了解。

所以同样,将在外君命有所不受。

四、

独立判断其实是危机应对的一个重要策略。

鹿群中任何一只鹿只要看到风险,它都会发出警告,然后整个鹿群都会奔跑,而无须向头鹿进行汇报,因为没有传递和反馈的时间。

而且头鹿既然没有第一时间看到风险,你又让它如何决策?在这个过程中,鹿群就自然形成了扁平化的组织结构。任何一只看到危险的鹿,就既是风险信号的检测者,也是避险行动的决策者,由于它身兼两职,就将信号反馈和决策的时间压缩到最短,为鹿群赢得珍贵的避险机会。

猴子也一样,最先看到老鹰的猴子,会拼命发出呼喊,其他猴子听到呼喊的时候,会不加迟疑地跟着发出呼喊,然后赶快逃命。虽然最先呼喊的猴子最有可能被老鹰捕获,也在所不惜。

动物社会并非没有等级制度,但自然法则会将反应迟缓者淘汰掉。

面对不确定的风险,其实每一个首先看到不确定风险的人就像前面提到的鹿和猴子一样,需要独立作出判断,然后呼喊。那些反应迟疑的动物不仅会害了自己的命,也会要了整个群体的命。而不相信自己的同类,或者决策流程拖沓的种群也同样会被淘汰。

会不会有虚惊一场的时候?当然会。但那也无非是多跑了几步路而已,再回来又何妨?

不是自然法则让我们变得聪明,是它把优柔寡断地都淘汰掉了。

这个社会如此的复杂,不可能让每个人都看清,都看到,我们只能看到自己身边的情况。但这身边的不确定风险很有可能成为危及整体的风险,但是其他人并没有看到。如果你的反应就能迅速引起群体的反应,你看到就等于这个群体看到了。

独立判断是让每个个体都成为整体的守护者,成为这个群体的守夜人。我们能活下来的机制没有别的,就是选择相信同伴,选择相信自己。

理查德·朱维尔的哀歌也是我们每个人的哀歌

哪个国家都会有冤案。1996年亚特兰大奥运会，本来忠于职守的保安理查德·朱维尔因发现炸弹先是成为英雄，后来成为嫌疑犯，最后经律师等多方的长期努力才摆脱犯罪嫌疑。电影《理查德·朱维尔的哀歌》真实地再现了这个过程。在这个过程中，媒体发挥了推波助澜的作用。

一、

首先一个媒体曝光他是联邦调查局的嫌疑对象，然后众多媒体跟进消费这个剧情反转的新闻热度，再四处挖料来印证这个观点，包括朱维尔从保安员、后勤人员渴望成为一名真正执法者的努力，这些也作为其渴望成为英雄，从而自导自演爆炸案的作案动机。

一向较真，因在校园中查处学生饮酒而遭遇投诉直至被解职的经历，更是成为朱维尔的重大污点，并在警方和舆论场中成为其为了获得成功可能不择手段的证据。也正是当初在解职时，因为其使用上司的原话质问顶撞过上司，在爆炸案后他竟遭到原上司的诬告。

一个没有真正执法权的人为什么会渴望像真正的执法者一样保护公众？即使在制止公园中嬉闹的年轻人时被奚落，在向现场演职人员通报有不明包裹尽快撤离时被质疑，在要求现场的执勤警察按照规定流程找专业人员查验可疑包裹、设置安全距离时，也遭遇不理解……他从没有动摇过他的这份执念。

这其实来自于一种朴素的正义感。

虽然这种过分的较真，并不一定每一次都是对的，甚至有时方式方法也未必完美，但正是靠这这份较真，才挽回了许多人的生命。

但那些真正握有执法权的人在干什么，为什么不去较真？

为什么大家对较真的人，不是理解、支持，而是奚落、嘲讽和质疑？

很多人会觉得朱维尔太把自己当回事了。在一个以不认真、不较劲为原则的环境中，认真和较劲就会显得格格不入，显得过于冒尖。因为你的认真会凸显其他人的不认真。如果一个保安成为英雄，那不也映衬了警察的无能甚至渎职吗？

尤其是这种"冒尖"与人们对你的定位差距很大时，就增添了违和感和不适感。

人们心中马上就会有一种声音冒出来：你不就是个保

安吗？

尤其是，还是一个肥胖的保安。

在一些人眼中，他与母亲一起居住也成了一种罪过，且进一步暗示了他自身的失败。

没有独立的住所，没有异性伴侣，不仅表明他事业的不成功，也表明他有可能是同性恋，而这些都增加了其反社会人格的可能。

即使警方也了解到，根据往返电话亭的时间推算，朱维尔没有作案时间，在这种情况下，警方仍然基于其生活现状推定其为同性恋，并进而推断其有同谋，依然坚持对朱维尔进行调查。这反映着一种基于观念的偏见和固执。

在媒体报道中，有一个论断，说这反映了底层白人的失落。

从调查的启动，舆论的引导，到调查的持续，与其说是证据性的怀疑，不如说是人格性的怀疑。

就像朱维尔在讯问中对侦查人员的质问：你们没有任何证据能够指向我，但是为什么侦查还是能够展开呢？

因为朱维尔最先发现了炸弹，而最先发现尸体的人很多时候就是杀人犯。这是所谓的侦查经验。还有就是曾经发生过为了想当英雄而制造爆炸案件的情况，有假英雄的先例存在。当然还有他当年在校园中逞英雄而被解职的举报。

这些都是猜测性的理由，没有任何切实的证据支持。

但是很多人，包括侦查人员就是坚信，这就是构成了很大的嫌疑。而这也构成了舆论的基本盘，人们只是相信那些他们愿意相信的东西。

二、

  与其接受一个沦落到社会底层、苦苦渴望成为一名基层执法者而不得，甚至还与妈妈一起住的胖保安成为国家英雄，很多人更愿意相信他是走投无路、铤而走险、欺世盗名的假英雄。
  这样好像更容易说得通，也就更容易为人所接受。
  自己做不到安贫乐道、任劳任怨、在不断的挫败中仍然坚守理想和职责，所以也不相信别人可以做到。
  这就像前几年热议的，"不是你撞的人为什么你要送医院"的理论是一样的。
  因为不相信高尚和良知，从而也会怀疑别人的高尚和良知。
  他们看到的，只是他们想看到的。
  人们为什么不太相信小人物可能通过正常渠道获得成功？
  因为存在阶层固化的现象，也就是寒门再难出贵子的问题。
  权力、财富原本就有分化，而且这种分化中的优势，还会通过受教育机会得到进一步的巩固。这里说的受教育的机会，不仅仅是高等教育的机会，还向中小学，甚至幼儿园方向延伸，甚至还会影响就业、创业以及择偶机会。
  就像《西部世界》中的威廉一样，即使其获得了成功，也不容易受到圈层的认可。

更不要说像朱维尔这样一贯被侮辱和损害的人。很多人不仅不能容忍他的成功,甚至都不能容忍他对成功的渴望。不仅仅是社会的上层,就连中间层和中下层也难以接受他社会地位的跃迁。

底层虽然羡慕上层人士的成功,但是由于高不可攀,反正自己够不着,一般也不会说三道四。但是同一层次或下一个层次的人,突然在身边崛起,就会有一种莫大的酸楚积在心头。

这是一种看不得别人好的心态。而从别人的失落中,尤其是别人崛起后的跌落中,反而可以找到很多的安慰。这一现象也得到心理学的很多证实。虽然这对自己没有任何好处,但还是会获得更大的快感,比自己获得进步还开心。

正因此,丑闻才有巨大的传播效应。

而且会不断形成自我证成效应。

捕风捉影的举报,引发侦查的动议。侦查动议的泄露引发舆情,在没有得到任何证实的情况下,新闻就进行广泛的传播和报道。新闻的广泛传播报道促使侦查的推进,侦查的推进进一步引起新闻的关注,从而形成全民围观效应。

侦查机关为什么调查你,而没有调查别人?那一定就是你有事。你还请律师了,那说明你一定心虚了。侦查人员进行现场搜查了,那说明侦查机关一定掌握了重要证据。

这些环节都就构成了侦查与舆论的相互印证,侦查一步步的行动就坐实了舆论一步步的猜测,新闻不断强化猜疑,进一步让侦查机关更有信心。好像顺应了民意。

就像朱维尔的妈妈看电视的时候，也不尽感叹，那个权威的主持人为什么那么说你？

潜台词就是只要那个主持人说的话基本就是事实了，他很权威，我很相信他。

对于很多媒体也一样，他们长期品牌的积累，会让公众形成一种共识，即只要哪个哪个媒体报道的，就是错不了的。

如果几乎所有媒体都那么说呢？那真正可谓是众口铄金、积毁销骨。

三、

这也是为什么要求司法与舆论要保持一定距离原因。

司法要讲求证据，要依据理性的推断和程序的保障，才能保证长久的权威。

因为程序即处断。

不要说得到最后的结论，只要调查的启动就可以给你扒层皮。

戴上有色眼镜看任何人，反复打量，都能或多或少得到一些与案情看似有关的证据。

而且嫌疑人因为恐惧、愤怒和慌乱，也可能会说一些错话。与他相关的人员也一样。

这些都可以成为进一步强化嫌疑的证据。

不一定需要刑讯逼供，同样也可以滑向冤错案件的深渊。

一个不一定切实的结论，就可以毁掉一个人的人生。

比如朱维尔的英雄光环就被毁掉了，这本该是他应得的荣誉，也同样可以激励很多平凡人进取，增加社会的向上流动性。

对于朱维尔来说，这意味着富足、名望和荣光，更高的社会地位，更美好的职业前景，更强的择偶优势。从而为后代带来更优秀的基因，并通过自己的无形资产，泽被几代人，激励几代人。这些成功同样也会惠及朱维尔的家人。

但是这些全都被一个莫须有的调查毁掉了。当然很多人会说，毕竟没有羁押、没有判刑、甚至没有起诉，这怎么能算真正的损失呢？你说的那些只是他的预期利益。

我说的就是预期利益，但这是一种合理的预期利益，而预期其实就构成了我们的人生。

就像侦查人员在送达取消对朱维尔调查的决定书时，仍然愤愤地说，我仍然认为他罪大恶极。

这其实也是很多人挥之不去的想法。

媒体曾经铺天盖地的报道不会没有用，他们对人们认知的影响仍然是牢不可破的。

即使媒体赔偿损失也无济于事。人们的印象不会轻易改变。

人们只是认为你不是法律意义上的犯罪嫌疑人而已，但是你仍然还是道德意义上的犯罪嫌疑人。

而对于道德嫌疑，又如何洗脱呢？

即使真凶最后出现,很多人恍然大悟,原来当年朱维尔是被冤枉的啊,还有很多人都忘了朱维尔是谁了。更不会有人想到,还欠了朱维尔一个英雄称号。

而那个英雄般的人生呢,有谁还会记得,又如何来弥补?

我之所以一再说,你办的不是案子,而是别人的人生,就是因为毁掉一个人的人生很容易,但是弥补它几乎是不可能的。

更悲哀的是,甚至都没有人关心。

所以朱维尔的哀歌,其实也是我们每个人的哀歌。

他质问过,你们在调查我的时候,浪费了多少可以用来调查真凶的时间?以后还想指望其他的保安碰到相似的情况会站出来吗?他们都在想,我会不会成为朱维尔?

是的,一次的不公正,不仅会毁掉一个人的人生,也会毁掉社会对正义的信仰。

不再有较真的人了,我们失去的不是一个较真的人,而是较真的精神,是主持正义的价值观。我们失去的是通过主持正义获得社会正向反馈的激励体系,是通过自身努力不断进步的社会正向流动性。我们失去的是希望。

当正义不再呼喊,嫉妒和猜忌仍然会无止境地传递,它们永远也不缺乏传播的动力。

当别出头成为了人们的默契,正义之光会暗淡下去,取而代之的是人性的无尽黑夜。

荣誉感在社会运行中的作用

荣誉感是驱使人追求卓越和创造力的内在动力,是责任心和使命感的源泉,也是守住底线的人格保障。

一个追求荣誉感的人可以形成天然的威信,而威信是领导力的社会基础,有一种天然的凝聚力。

荣誉感既是道德规范的内化,也是同类对自己的认可。

丧失荣誉感会让人变得面目模糊,蝇营狗苟,纵然拥有权力也会因失去道德感召力,而使领导力大打折扣。

失去荣誉也将失去同类的信任,这也是引咎辞职制度的来源。

一、

荣誉感其实是一种社会制度。

它不仅是名留青史,而是比这要直接。

古罗马就极为重视荣誉对一个人的激励作用，他们甚至会将一个人的功绩直接纳入这个人的名字里，使人一提到这个名字就知道他的成就。比如大西庇阿在第二次布匿战争中打败汉尼拔征服迦太基之后，就被命名为西庇阿·阿非利加努斯，也就是非洲征服者西庇阿，并从此就作为其正式的名字载入史册。

再比如，法案以提出者的名字命名，就叫做××法案。所有人援引这个法案都会提到这个名字，将提出者与法案连在了一起。这是对法案提出者一个极大的激励，而我们所谓的青史留名只是一种可能性，因为你也不知道后世历史会怎么写，还会不会有人记得你。但是这个制度非常直接——你在提出法案之前就知道这个规则，同时也会激励后来的提出者。

法案署名制度其实也是一把双刃剑，它既是对提出者工作的肯定，也是一种质量保证。如果这个法案最后被证明是一部恶法，甚至被废除，人们也会在法案前面加上"臭名昭著"四个字。比如臭名昭著的"麦卡锡法案"。这就提醒了立法者要追求真正的正义，而不是博得一时的虚名。

在科学领域，很多理论定律直接就以发现者的名字命名，比如牛顿第一定律、牛顿第二定律、牛顿第三定律，也就是三大运动定律，即经典力学规律。为什么不直接说第一、第二、第三运动定律，一定要加上牛顿呢？这是为了纪念牛顿的科学功绩，是对他最大的褒奖，是科学同行共同给予他的荣誉。这也说明这些定律太有意义了，发现者功劳太大了，他应该被铭记。

这种命名方式不是牛顿自己设置的，他自己设定同行不认也没有用。这是科学界的荣誉规则，这是比任何金钱、头衔更大的荣誉，它将你的名字直接融入了科学体系当中。类似的还有一系列的科学计量单位，都是一系列伟大科学家的名字，包括欧姆、赫兹、法拉、伏特、焦耳、特斯拉，当然还有牛顿。

他们的功绩就融入了科学活动甚至日常生活当中，会被一代一代的人类学习、使用，也因此融入了人类的文明当中。当然这都是开宗立派的科学先贤，最近的还有霍金发现的霍金辐射。我们知道，霍金的葬礼是极为隆重的，其被安葬在达尔文和牛顿之间，这本身也有着巨大的象征意义。巴黎的先贤祠也供奉着很多伟大的知识巨匠。

我们很多时候也说社会对科学家不够尊重，鼓励科学创新的机制有待完善，说白了也就是给予其名与利的回报不够大。

但是我们懂得什么叫荣誉吗？一个奖项、一个头衔当然是很大的荣誉。将他的声名融入科学体系当中那才是对其更大的尊重。

当然，享受这些荣誉的科学家首先是要能够创造出原创性和颠覆性的理论，发现前人没有发现的科学规律，真正在科学史上留下自己的足迹。当然这需要踏踏实实工作，认认真真地发表有价值的论文。当然还得有地方发表，署名也公平。

荣誉从来不是简单的名誉授予，它必须建立在公平的科学同行评价基础之上。如果牛顿发现的规律，署在张三的名字之下，新的牛顿还愿意努力研究吗？它首先应当是对真实成就的褒奖。

荣誉感必须建立在公平基础之上，这也是荣誉感体系的第一定律。

而且这种褒奖机制是贯穿于整个科学研究体系当中的。从小的积累直到终身的成就，贯穿于始终的，它是一套规则体系。

就比如瑞典植物学家林奈所创造的双命名法，现在已经成为动植物命名的通用规则。它要求每一种动物、植物的名称都是由两个拉丁单词组成的，比如向日葵的拉丁名是 Helianthus annuus L.。其中，第一个单词是该植物的属名；第二个单词是该植物的种加词。属名和种加词后面则是该植物命名者的名字，所以，"L."就是18世纪瑞典的植物学家卡尔·林奈的名字缩写。只要能够证明是其首先发现的，都可以在物种上署上自己的名字，这就意味着永远地在生物学体系上刻上了自己的烙印。

这也激励了一代又一代生物学家冒着生命危险，耗费毕生的精力去发现和探索，即使他仍然一生清贫，但他知道这种规则的存在，可以有机会让自己的声名永存。这就是一套荣誉规则，它巧妙地激发了人性的进取心。

而且它具有开放性和竞争性，任何一个人首先发现并命名了物种，他就可以摘得此荣誉，获得这些荣誉的也有中国学者。1946年，中国植物分类学的开创者胡先骕与中国著名林学家郑万钧发现并命名了"活化石"水杉，水杉的拉丁文全名就是 Metasequoia glyptostroboides Hu & W. C. Cheng，Hu 就是胡先骕，由于英文发音问题，W. C. Cheng 指的就是郑万钧。

这些荣誉都是实实在在的，比等着史书来记录要可靠。这些可靠的荣誉制度激励着一代又一代科学家贡献出他们的才华和智慧。

不仅是自然科学，在社会科学领域也一样。比如我们熟悉的科斯定律，就是由这一理论的提出者，著名经济学家罗纳德·科斯的名字命名的，相似的还有帕累托最优。

为了纪念很多重要人物的功绩，还有一种荣誉记载方式，那就是以他的名字命名城市、街道、大厦、舰船，等等，不一而足。

在学术界有很多讲席、奖项也是以人的名字命名，最富盛名的就是诺贝尔奖，这不仅是对诺贝尔本人的纪念，也是一种荣誉传承。

除了对智慧贡献的褒奖，荣誉也可以激励对社会公益的资助。大到以出资者、创始人命名的大学，小到一个奖学金，甚至为社区公园捐的一把椅子。

以夫妻名义在社区公园捐一把椅子，不需要高额投入，但是可以刻上两人的名字，甚至自己刻上一句自己想说的话，不能说是多大的荣誉，但也是一份纪念。将社区与自己连在了一起，将生者与死者连在一起，并寄托一份浪漫的思念，多么美好！这对捐赠者也是一个激励，虽然微小，但是是直接的。而这个有章可循的激励规则，也让捐赠者知道该如何表达善意，自己的善意如何使用，从而形成一个正向循环。电影《只有芸知道》就提到了这个情节。

这种直接性会刺激人们再做更多的公益，为社会做出更大的贡献，这些所有的或大或小的贡献，都可以通过荣誉规则以适当的方式被铭记，这就激励着其他人也不断地参与到社会进步中来，这些点滴的贡献慢慢地就会汇集为社会发展的滔滔江海，而且源源不断。如果善款没有具体的荣誉体现，甚至用处都没有着落，其他人又如何敢于再行善事？

表面上，这些只是一些虚名，但是人就是一种社会化的动物，追求的不就是同类的认可吗？这些都是同类的认可，而且是有形的、直接的，有规则可循的，这些就构成了荣誉规则体系，这些规则实际上是引导着人类进取的规则。

林肯说，专利制度就是给天才之火添加利益之油。专利制度就是荣誉制度的一种。

事实上，在商业领域，很多公司和品牌也是以人名命名的，如福特、波音、奔驰、迪士尼，比比皆是，更不要说采用合伙制的律师事务所了，很多都是以××&×× 律师事务所的方式命名。但我们除了一些老字号采用人名或绰号命名的方式之外，现在很少以人名命名，即使是律师事务所，也都要起一个比较抽象的名字。我们习惯于将名字隐于幕后。

二、

因为我们不希望突出个人。我们认为荣誉往往属于集体，要将自我尽量地淡化掉。

比如我在检索"大西庇阿"词条的时候,《大英百科全书》显示的是,Scipio Africanus, also called Scipio Africanus the Elder, Latin Scipio Africanus Major, in full Publius Cornelius Scipio Africanus。西庇阿·阿非利亚努斯是正式名,还有一些别称,但是不管什么称呼都包含阿非利亚努斯。

而《中国大百科全书》(第二版),注明的人名是西庇阿(大),又译斯皮奇奥,外文名 Scipio the Elder,完全没有提到阿非利亚努斯。

百度百科中的大西庇阿,全名为普布利乌斯·科尔内利乌斯·西庇阿,绰号:"阿非利加征服者"。在这里"阿非利亚努斯"成为了一个绰号。

事实上,"阿非利亚努斯"不是绰号,而是正式的名字,普布利乌斯·科尔内利乌斯·西庇阿是其建立功勋之前的名字,严格讲应该是曾用名。他正式名字就是西庇阿·阿非利亚努斯,名字即包含荣耀,古罗马正是通过改名的方式给予其巨大的荣耀。

这一现象也体现了我们对荣誉体系的误解,将大西庇阿改回原名,就等于剥夺了他的荣誉了,也违背了荣誉体系的运行规则,事实上也与历史记载和国际通行叫法不符,这是一种不规范的称谓。

这主要是暴露了我们不突出个人的这种集体无意识。可是奇怪的是我们仍然管郑和叫郑和,虽然他本姓马,郑只是赐姓,这个时候我们为什么不首先称呼他的本名?

荣誉感体系的第二定律就是人是个体。

荣誉一定要给到个人才有效。就像我们经常说的,要责任到人,这样任务才能落实到位。讲荣誉的时候为什么不讲落实到人了?荣誉也一样,只有落实到人,才能激励到位。

虽然诺贝尔奖得主的很多成绩都离不开同事、学生的共同努力和付出,那为什么不是奖励一个团队或者一个学校,而一定要奖励到个人?

理由很简单,人是个体,创造力是通过个体实现的。再多的人不能组合成一个牛顿、一个爱因斯坦。创造力不是简单相加,创造力是单独的大脑意识的一种涌现。

就比如文学,那些经典作品都是每位大师独立的创造。在学术界,我们将独著,或者独立署名的论文作为最重要的学术载体,如果是两三个人署名就有点不知道是谁写的了,主编的就更不要说了。

荣誉给到个人才会施加一种内在的使命感,让人为之倾注心力。如果弄了半天,没有自己的署名,或者明明大部分活都是你干的,但你署名在最后,你能倾注多少创造性?这样的学术作品质量能有保证吗?这些都没有保障,创新又如何实现?

当然,荣誉不限于学术,这在社会生活中比比皆是。那些光明磊落、敢于担当负责的领导者、改革者,也是我们心目中的英雄。只是我们不习惯于将他们的名字命名为街道、广场或者大厦。我们还没有在科学、社会、经济、公益等领域建立完善的荣誉体系。

那些创造之火、奉献之火续不上利益的灯油,火光自然就会忽明忽暗。

我们必须承认人有趋利避害的本能,人是自己命运的主宰。

在创造性劳动中要想持续不断地付出、贡献,仅靠自觉性是不够的,还必须给他一个说法。物质利益是一方面,荣誉作为精神利益也是很重要的一个方面。

干了半天要有一个说法,人才愿意干。干好干坏,要有不同的说法,人才愿意好好干。

这就是荣誉体系最朴实的底层逻辑。

三、

荣誉感既是内在的感受,也是外在的评价体系,这是荣誉感体系的第三定律。

一个人失去了荣誉,应该感觉抬不起头来,这样才会有羞耻心。

因为从根本上讲,荣誉还是同类的评价。这个评价有好,就有坏。

如果是好的评价,大家就要向他学习,他的精神就会成为榜样,他活着的时候就有号召力,他去世的时候,人们也会缅怀他，他的精神会激励一代又一代人。

但是对于那些不诚实、不认真、不靠谱，尤其是关键时刻掉链子、耽误事儿的人，就是违背了基本的荣誉规则，就会受到同类的负面评价。也必然失去了道义上的感召力。

所谓得道多助，失道寡助。

因为权力并不仅仅是书面意义上的，行政意义上的，也是内心意义上的。发自内心地跟你干，和不得不跟你干，绝对不是一个劲儿，你自己也会感觉不得劲儿。

这也是引咎辞职的根源之一。

由于严重失职，造成了严重后果，在没有免职之前，就自动请辞，表明的是一种负责任的态度。这是一种荣誉规则，表明他自己还是有荣誉感的，知羞耻、懂进退，知道保留尊严。只有懂得这个规则，才会有机会再次赢得同类的信任。

这是从当事人的角度讲，从整体上来说最重要的其实是，为了保证组织更加顺畅地运行。出了大事，荣誉受损就意味着失去了道义上的感召力，在实际操作上不太好管了，对自身的能力也有质疑了，这时候主动让出来由其他依然保有荣誉，甚至能力更适合的人干，是有利于整体利益的。

不要忘了权力的本源来自于信任，信任是权力的道义基础。荣誉感就是在尊重这种道义基础。

如果将职位置于荣誉、尊严之前，就很难激发自身的内在动力，反正不管怎么着都能凑合干。凑合干还能干好吗？对于其他人也将引发反向激励,既然凑合干也能干,还那么卖力干什么?而其他跟着干的人,由于看不到正面努力所赢得的荣誉感,也容易出工不出力,连续犯错可能就在所难免了,整体就容易陷入恶性循环。

荣誉感的目的是打破这个恶性循环,从而使其尽快扭转为正向循环。

荣誉感并不是空泛的口号,它是实实在在的社会激励体系,在社会运行中发挥着不可替代的作用。它是推动人类进步的无形之手,是点亮创造、勇气、责任之火的灯油。危机之中,我们在呼唤荣誉感的同时,不要忘记其背后的制度性安排。

认 真 红 利

何帆老师在《变量2》中提了一个苟且红利的观点,就是在别人不认真的时候,你只要认真一点点就可以获得红利。如果叫认真红利可能更好理解一点。

这是一个非常朴素的道理,但是知易行难。

在别人还在粗放型生产的时候,次品还有专柜的时候,海尔敢于砸冰箱,就必然收获认真红利。

大家现在觉得德国产品质量好,但在1876年世界博览会上,公众对参展的德国商品曾经的评价是"价廉而质劣"。为了防止德国货浑水摸鱼,1877年英国还要求在所有从德国的进口商品上都必须注明德国制造的字样,这也是"made in 制度"的起源。德国人知耻而后勇,才成就了今天"德国制造"的美誉。

就拿"战后"甲壳虫汽车的生产为例,即使在这款汽车供不应求的情况下,德国人也偏执地追求着品质。首席执行官会亲自阅读技术检验报告,确保在某处发现的一个碰撞噪声不会再重新出现。

追求品质,无非是不妥协。

华为手机如今能脱颖而出——任正非也曾经要求将一货柜的手机全部碾压成碎片。

认真红利其实就是来自于不苟且,它体现的不仅是态度,也是一系列的制度安排。

这些年来,华为在聘请咨询公司上就花了几十亿美元,建立了整套的管理规则体系。

以规则的不确定性来应对世界的不确定性,才有了以奋斗者为本、以客户为中心的企业文化,成就了能够在灾难中逆行的华为铁军。

任正非说他从 IBM 身上学会了爬树。

很多时候,产品的问题其实主要出在管理层,华为会将为了补救某些不合格产品所产生的机票打包发给他们的管理层,作为"奖励"。

我们都习惯了京东、顺丰的快捷送达,知晓他们在行业中拔得头筹,但我们不知道他们为此在库房、人员、信息化管理方面的投入,以及刘强东每年都要亲自送一次快递的付出。

亲临一线才能体会管理流程的问题。

其实要求检察长、法院院长办案也是一个意思,如果只是搞搞审批,挂名办案,又怎么能体会到司法一线的困难和问题?有些领导去了一次看守所提讯,等的时间长了一点,就说我再也不来了，这又如何能够获得司法的认真红利？

认真红利还来自于一种自我批判的精神，对现状不满足，并敢于做出改变。

乔布斯的精益求精是出了名的，他不但对外观有着极致的要求——螺丝钉都要抛光，为了体现禅意还要求去掉散热器。他还会从用户角度考虑问题，最终制造出一个能装一千首歌的"随身听"，并进而创造了智能手机以及引领了移动互联网时代。

改革开放四十年了，粗放型经济已经开始向品质型经济转变，苟且红利就是一种转型升级的红利。

很多企业跟上了这个潮流，但是很多公共性机构却落下了。

这是当下最应该反思的问题。

因为公共产品的供给直接决定了公众的福祉，也决定了社会经济的基本环境。

实际上，地域之间也存在竞争关系，人才、资本、技术都在流动。

各个地方比拼的就是公共服务水平，哪里服务水平更高，资源就会向哪里流动。

哪里的环境更好一些，哪里自然就可以吃到经济重心转移的红利，从而促进一个地区的整体发展，形成一个良性循环，否则就是一个恶性循环。

要想打破恶性循环，就必须尽快提升公共服务品质，而且还要好到超出一定的预期，以及有实质性的改进，才有可能逆转循环的方向。

危机应对其实也是地方公共管理能力的一次比拼,谁能吃到认真红利大家都看在眼里。

每一次都比别人认真一点点,日积月累就必然得到提高。在关键时刻比别人做得好一点点,也就抓住了机会,获得了巨大的成长。这遵循的是一种进化法则。企业、机构如此,个人也是如此。

比如我们的出庭能力培养平台就是将竞争机制引入体制之中。原来出庭都是自己出,很少有同事相互旁听。因为在没有组织安排的情况下,大家都有一种戒备心理,害怕自己表现不好的地方被同事看见。而平时组织观摩庭的机会很少,每年全市也就是一百多场,有的人还不愿意去,不是自己想听的庭,觉得浪费自己的时间。想去的还去不了,尤其是跨越部门、跨越单位的,需要多方面的协调,成本很高。由于出庭不像审查报告有一个方便的文本,比较容易供领导查阅,因此领导也很少去听——太耗时间。这样出庭就成了一个管理黑箱,很难评价。十佳公诉人比赛只是报送选手一次出庭的录像,也很难体现日常水平。

大家都知道出庭很重要,现在正在推进的以审判为中心的诉讼制度改革中,出庭日益公开化,如果庭出得不好,很容易成为舆论关注的焦点,影响检察机关的形象。

一方面出庭很难评价,缺少标准,难以量化;另一方面出庭经验的体验性又很强,不是简单看书、看录像就能学会的。这就使出庭能力很难得到根本的提升,但是需求是有的,检察官也有相互学习的意愿。

正因此,我们就想办法将竞争机制引入这个系统当中,让出庭的标准相对固定,由全国十佳公诉人帮助设定了多个评价维度,可以用来打分。这很像现在对电商商品的评价。不是十分精确,但是可以相对量化。

通过系统打破地域的限制,允许任何公诉人在系统上发布自己的庭审,其他公诉人可以像买电影票一样非常方便地进行预约,然后现场旁听,之后再到这个系统进行打分评价,还可以进行文字点评。公诉人根据旁听人数乘以打分平均值这个系数就可以得到自己的积分。旁听人员也可以少量积分。撰写文字评价和出庭百科经验的也可以根据别人点赞的情况,获得少量的分值。因为出庭的体验性,出庭的得分应该成为主要渠道,完整地旁听完一次庭审也可以获得一定的经验,因此也可以得分。对出庭经验的总结,不仅可以为其他人学习提供便利,也是自己经验系统化的过程。但是这些相比于出庭行为来说更间接一些,因此分值略低。

通过这些积分方式,公诉人的出庭经验提升就可以被大致地量化。量化之后就可以排名和比较,排名靠前的还可以担任点评专家或者出庭百科编辑,对这个系统享有一定的管理权。在一年中排名前十名的检察官和助理就可以成为年度公诉人。

这就形成一种荣誉激励体系，激发公诉人发自内心的荣誉感。发自内心地愿意多出观摩庭，多旁听以学习别人的出庭经验，多把自己的经验系统地整理出来。

在没有行政命令的情况下，每年的观摩庭数量从一百多场达到一千五百多场，实现了量级的提升。而且极大地降低了行政组织的成本。以前每次组织观摩庭都要发布通知、组织车辆人员，耗费大量精力，而且很多人也不愿意去，学习的效果也不好。出观摩庭的人员看到官方组织也非常紧张，也不敢真地把一些有难度的庭拿出来分享，因此我们也很难看到真的东西。

现在是自我发布，相互预约，庭都是自己选的也不存在不愿意去的问题。而且我们将观摩旁听当作和出庭、提讯一样的工作来看待，可以直接从系统打印确认函，无须请假。这就打破了原来的行政壁垒，无需任何的协调。你只要愿意，就可以在全市范围内旁听。即使你身边没有优秀的公诉人，只要你足够勤奋，就可以在全市范围内博采众长。这个系统给每一个人更加公平广泛的机会。而不是像原来十佳公诉人比赛的模式，只是将好的机会留给少数人。这就让更多的人参与到竞争之中。形成了出庭经验的全市统一市场，所有人都可以在这里同台竞争。

系统排名是动态的，积分数每五分钟自动更新一次。如果排名靠前，就会得到整个公诉系统的关注，从而也更容易获得成长的机会。而且你一旦排名靠前，就不想让自己轻易跌下去，因为这是很没有面子的事,你会拼命地想保住自己的位置,从而就要出更多的观摩庭、旁听更多的庭,进行更多经验整理。而其他人看到这个系统的价值之后,也会拼命竞争,希望早点超过你,让他自己也可以获得关注所带来的红利。所以上线第一年,排名第一的公诉人出了三十多场观摩庭,这在以往是难以想象的。因为以前全市一年才一百多场,一个人顶多只能出一两场观摩庭。在领导方面也很难这么要求。但是现在,在没有任何要求的情况下,他自己却做到了,这就是竞争的力量。

有一年的元旦,本来是放假。因为我们的系统1月1日零时会自动生成年度公诉人榜单,所以在1号这一天,这位公诉人还特意地回了一趟单位,看看系统有没有形成这个榜单(我们系统在内网运行)。当他发现榜单如期生成,特别高兴。还特意给我发了一条微信,感谢我设计了这个系统。他说这个系统也不是让我们得多少分,或者看排名是多少,它不就是让我们成为更好的自己吗?

是的,他领悟到了这个系统的真谛。这个系统就是一个鞭策人的系统。它激发的是人的荣誉感和进取心,这个力量要比行政命令还要强大。虽然这个系统也没有告诉大家,什么样的出庭是好的。但是它告诉了我们一个朴素的道理,只要有一个同行坐在下边旁听你出庭,你就会认真一点点,你每一次认真一点点,日积月累你就进步了。这就是认真红利。

同事坐在那里,也许并没有给你提供什么帮助,甚至你表现差一点，他不会过多地说什么，但是你还是希望自己的表现不要太差。因为你有基本的自尊心，很多时候表现的就是面子，不想丢脸。为此，你每一次都要认真准备一点点，日积月累下来你必然提高了。更不要说，这个平台还给你提供可以向任何优秀的公诉人学习的机会。

而收获最大的其实是出庭的那个人。即使作为旁听人员你的水平不如公诉人，对他毫无帮助。但是你给了他注视，给了他无形的压力，他就要逼迫自己成长。这个系统其实什么也没有给你，它只是不断地给你压力，它其实是一个压力供给系统。为了更多的积分，排名更加靠前，你会自愿不断邀请别人来旁听，从而逼迫自己成长。

除了本身的技术和办案能力之外，出庭也需要很强的心理承受能力。而这些观摩庭，这些长期高压状态下的表现，磨练了你的心理承受能力，使你变得更加从容。甚至可以脱稿出庭，因为这样更加富有感染力和说服力。我们发现很多律师可以侃侃而谈，而公诉人的即席表达能力普遍不强。

这一方面是因为我们缺少律师界的竞争机制，没有一只无形之手推着往前走。现在通过这个系统，我们一定程度上引入了竞争机制。另一方面，法庭对我们的迁就反而影响了我们成长。法庭一般会让公诉人念完公诉意见书，即使有时候很冗长。但是很多时候会让律师说要点，书面意见庭后提交法庭。这种迁就反而让我们习惯于书面开庭，这就使我们的表现力失色，出庭效果有时候不够好，尤其在庭审直播的时候更难以让公众满意。

设立这个系统也有这一层潜在的意义，就是逼迫我们的公诉人要有更强的表现力，这种表现力很多时候就是以即席发言的方式体现的。因为这样的出庭效果也才会得到同行的高度评价，并吸引更多的同行来听自己的庭。因为只有庭审发布是没用的，还必须有人来旁听，这样才会有新的积分。因此这就倒逼公诉人提高语言表达能力。

作为这个系统的设计人，我也身体力行这样要求自己。虽然在省级院庭审不多，但是我把自己能发布的庭审都发布了，累积已经有几十场。我要求自己每次都脱稿出庭，当然这是一条很难的路。虽然一开始说得并不完整，有些观点可能会忘了说了，但是能够尽量保证流畅性。虽然说的观点数量没有书面那么多，但从听者的角度来看，他们更能够听进去。

如果你念了十个点，他们其实只是听进去一个点，就不如你只说五个点都让他们听进去。而且即席发言的特点就是，你与听众始终有眼神交流，这既是一种尊重，传达了一种自信，也能够直接从听众的眼神中捕捉到反馈，你能够看出来他到底听进去没有。而且你看着他，他也要看着你，你就可以一直把握现场的注意力，让观众全身心投入地听你说，接收信息的效果就不一样。而且你既然是即席发言，你的讲话内容就带有一种不确定性，他不确定你下一句要说什么，不确定什么时候能说完，而且由于你一直看着他，他也就没有时间去想时间问题。这也是为什么很多律师说讲五分钟却能够说二十分钟的原因。因为当你全神贯注的时候，你就不会感觉到时间的流逝。

为了能够完整地、流畅地表达，能够应对现场的任何突发情况，你就要做得比别人更多，要更加全面透彻地了解案情，甚至很多细节。但是你又不是机械地记忆，而是一种相对松弛的状态，又有可以随时调用的知识框架。当你在法庭上讯问的时候，就可以像聊天一样自然，根据被告人的当庭表现随时调整讯问的策略。这样对庭审的把控能力也就更强。

后来渐渐地，我也把即席发言的技巧应用到讲课之中，从一个小时、两个小时到四个小时，全程脱稿。最开始有PPT，后来是手写提纲，再后来变成什么都没有。其实这样做更难，因为实际上你必须准备足够多的内容，才能供你随时调用。

所以我其实不是在撰写讲稿，而是围绕一些主题，去写一系列的文章。只要一个主题写上十几篇文章，很多碎片的想法就会系统化。在任何时候讨论，它们都会成为你可以使用的知识。我始终认为那些不能随时调用的知识，其实并不是自己的知识。

这一次又一次即席发言的压力，也锤炼了自己的心理承受力和临场应变能力。最重要的是让我有了更大的认知压力，不断去学习新的内容，并将其融化到自己的框架之中，通过写作的方式将它们系统化。我始终认为自己并不是一个聪明人，我只是做好了一件事，然后一再去做。就像罗振宇说的，我们只是时间的朋友。

　　记得小学的时候，我的数学好，但是语文很不好，经常是刚及格。老师就说这个孩子挺聪明的，但是以后考大学可能成问题。小学快毕业那年，因为家庭的变故，我才感觉到真正的压力。以后真正的压力要自己扛了。为了学好语文，我想了一个笨办法，就是背古诗，把小学课本中学过的诗一首一首捡起来再背一遍。每天早上跑完步，就背一遍。每天多背一首，因为学过所以也比较好背。

　　后来慢慢旧的背完了，就背初中刚学的，刚学的也背完了，就背新发的课本里的，再后来就把老师没让背的也背了。后来还买了《唐诗三百首》、《宋词三百首》拿来背，挑好背的、容易上口的背。因为每天只是多背一首，也不觉得什么。最后我一口气可以背三百多首诗词，自己都感觉很诧异。现在也能写点古体诗，一些语文的功底也就是那个时候打下的。然后就是看书，不断地扩展视野。只要坚持做一件事，然后一直做，最后的成果其实是很可观的。

　　但是重点就是要始终有一种压力，从而形成不懈的动力。只要松下一口气，就不容易捡起来。所以真正有智慧的人其实是要给自己创造压力、拥抱压力。因为人始终是有惰性的，所有的自律都是一种他律。

　　这种享受压力、拥抱压力的收获其实就是认真红利。我没有你聪敏，没有你条件好，但是我认真，可以一直学、一直干，就有可能实现反超。这就像龟兔赛跑一样。

其实很多方法我们并不懂,但是我们知道,只要我们比别人好一点点,就可以获得一种比较优势。老是在比较中胜出,就可以让我们获得一轮又一轮的比较优势,就可以吃到所谓的认真红利。

在竞争日益激烈的环境中,认真是我们获得成长的不二法门。

从古腾堡、期刊到自媒体

在古腾堡发明金属活字印刷术之前，西方的知识产品是被经院抄写室垄断的。普通民众识字率低，家里连一本《圣经》都买不起。因为抄写一本《圣经》几乎要耗费一个抄写员一生的精力，加之销售的对象主要是富裕阶层或者机构组织，虽然纸张已经传入欧洲，但手抄本依然会使用更为昂贵的羊皮纸，这也符合奢侈品的基本定律。

一、

是的，在15世纪，书籍就是奢侈品。古腾堡及其员工在法兰克福销售印刷本《圣经》时，因手里有十几套《圣经》，就引起了警察的注意。可见其价值之昂贵。

手抄本这种成本极高的复制方式极大地限制了知识的传播。你就想想吧，连书都没有还怎么提高识字率？正因此，在中世纪能够识字的人非常有限,而所能看到的书更是有限,类型也很单一。因为决定抄写什么书籍,或者说能够抄写什么,基本都是由教会决定的。这实际上就意味着传播什么知识,由教会决定,这也同时造成了知识的垄断。

虽然抄写方式也一直在改良,比如分工抄写法,每人专门抄几页,但这很难从根本上提高书籍的生产效率。正是因为手抄的成本高昂,因此在抄写的选题上就显得极其谨慎,一定是经典,大多是宗教类,少数是古罗马、古希腊的古典著作。

至于新书,除非是宗教领袖或者神学大师的著作,其他人的作品谁又敢轻易决定抄写?这导致了书籍出版的门槛奇高。这必然制约了知识的创新。科学类书籍更是极为少见的。普通民众只能从布道中获得少量的二手知识,而这些知识也是被垄断性诠释的。这也就进一步限制了知识的传播和创造。从供给端限制了需求,又从需求又进一步限制了供给,形成了知识产品供应链的萎靡不振。

破解这一恶性循环的关键其实在中间环节。不是人类没有求知欲,只是买不起书。金属活字印刷术的发明极大降低了知识传播的成本。而且印刷作坊的加入也打破了经院抄写室对知识的垄断,书籍作为知识产品变得十分有利可图。

只要受众有需要,印刷作坊就会印。开始的时候为保险起见,还是循着手抄本的路径来走,比如宗教经典,不愁没有市场,这也是为什么古腾堡第一本书要印《圣经》,因为他知道《圣经》

是刚需产品，人们如果买第一本书，就应该是《圣经》。因为很多人家里连一本书都没有，而且教堂、主教、贵族也都有需要。因此他的选择是对的，当时《圣经》是硬通货。

但是以后还要印什么书呢，经院抄写室已经制作了不少宗教书籍，而且它们也有自己的销售渠道，也不能完全印刷与抄写本一样的书，还要搞差异化经营。最好是大家都知道，而还有没有被大量复制的经典。那时候文艺复兴运动已经兴起，很多美术作品已经使公众萌生了对古希腊和古罗马的兴趣，因此出版古典作品就成为一个新的增长点。

但是当时留存在世的古代经典并不多，而且很多是希腊文的，更是看不懂。印刷作坊首先就将这些作品翻译为拉丁文，有些还是拉丁文和希腊文对照。虽然古典文献在欧洲没有保存下来那么多，但是在奥斯曼帝国还有很多被翻译为阿拉伯文的古典作品得以流传。因此，转译这些作品就变得非常有利可图。

要知道，虽然已经有印刷机了，但是书籍仍然是贵重商品。由于威尼斯共和国与阿拉伯商贸往来密切，就有了获得珍惜版本得天独厚的机会。而且这里商业繁荣，人们的商业嗅觉也格外敏感，欧洲各国交通便利，商贾云集，早期欧洲出版业的重心就逐渐从德国向威尼斯转移。在15世纪末，威尼斯占到欧洲早期印刷品份额的大头。

书这种商品又方便运输、储存，价值高，而且它还蕴含着知识，因此具有很高的商业价值，按现在的话来说，是高科技产品，很有技术含量，一般的地方还生产不了。所以受到越来越多商人的青睐。

丰厚的商业利润促进了印刷术的传播，不断扩大的印刷作坊也期待着更多新作品的问世。能够被翻译的古典著作被翻译得差不多了之后，印刷商就开始将目光转向一些在世的知名学者，包括人文主义者以及一些科学家，印刷作品不再限于宗教作品和古代经典，只要有人买，就可以印。出版的门槛从而降低了，就吸引了很多学者投入创作当中。

既然出书可以名利双收，何乐而不为？尤其是大学与印刷术相伴而生，有了大学就有学生要使用教材。这就使书籍有了稳定的销售渠道。看了书的年轻学子和学者，也会受到书籍的滋养，更快成长起来，并争取尽快也出版自己的作品，扬名立万，青史留名。

印刷业实际上就成为文艺复兴和现代科学兴起的助推器。这些包罗万象的书籍不再是宗教经典的一家之言，它们让知识分子看到了丰富多彩的世界，受到了古典主义和人文主义的启蒙。这些差异化的知识需求，又不断刺激更多类似作品的问世。

即使是宗教作品，不同观点的作品也可以同时出版，只要有市场就行。虽然教廷也曾出版禁书目录，试图进行管控，但商业氛围浓厚的威尼斯并不太受教廷约束，有些禁书也照出不误，而且越是禁书，卖得还越好。

印刷商自然要追逐市场。知识不断催生了思想解放。在德国就出现了马丁·路德的宗教改革运动,印刷商更是为宗教改革推波助澜,一手出宗教经典,一手出新教作品。由于新教作品更加贴近民众需求,销量大增,这实际上为印刷商开辟了新的书籍市场。马丁·路德本人就出版了大量作品,书籍成为其争取信众的有力武器,两方大打笔战,新书大量增加,出版商乐见其成,这直接促进了印刷行业的繁荣。尤其是马丁·路德将拉丁文《圣经》直接翻译成德语,更是赢得了民众的欢迎,甚至直接促进了德语的发展。事实上不仅仅德语,早期印刷作品促进了各国语言的形成。

印刷书与手抄本相比除了成本更低以外,还有一个重要的优点,那就是标准化程度更高,很少出错。因为同一版本都是一致的,只是有极小的印刷错误,比如漏印等。而手抄本不行,因为人不是机器,难以避免会有笔误的情况出现,几乎每一个抄本副本都不一致。而这些不一致的抄本一路再抄下去,就会使错误累积,又很难比对纠正——除了找到原本,各个抄本也无法确定哪一个准确性更高。

而印刷本不一样,它可以进行版本迭代。这个版本哪里有问题,下次再次印刷的时候就可以修正。这个修正成果也会被新的版本所继承。而且由于市场化竞争,各个印刷商之间除了在印刷品类上竞争之外,在版本的精良程度上也会比拼。而且还会聘请名家进行勘误、编辑、审校。这样的效果与手抄本正好相反,形成了正确的累加效应,越是后期版本越精良。

有些错误并不是审校的问题，它们反映的是人们当下的认识程度，比如世界地图，随着地理大发现的逐步展开，不明源头的传说想象逐渐变为现场的实地测量，地图的错误就会不断被更正，从而使地图不断地迭代，而且会被后人不断通过实践再次更正，印刷品就成了人类知识的存储器。而且直接对航海业等其他行业起到了巨大的推动作用。

科学著作也一样，随着认知水平的提升，很多理论必然被推翻，随之出版的著作就会被不断修正。所有的书籍都像地图一样，通过不断累积新知的方式，指导人们进行新的实践探索。人类可以不断将新的知识放到书籍这个存储器当中，越垒越高，并产生化学反应从而促进知识的爆发式增长，最终孕育出现代人类文明。

出版虽然门槛降低了，但降低的只是对知识类型的限制、对作者身份的限制，作品的质量其实是提升了。虽然很多人可以出书，但是要想成为畅销书，或者成为传世的经典，那是要费一番工夫的。读者是会用脚投票的，书籍虽然开始普及但仍然不便宜，人们也不会轻易买书。而且知识这种商品和别的还不一样，那就是一定要有兴趣，如果没有兴趣，即使送给他，他也不一定看，自然也就不会传播。但是真正的好书，却会被印刷商抢着出版。这种充分竞争，也促进了知识产品的供给升级。读者成为书籍的筛选器，使真正好的作品最终得以传世。作者一定要拿出真东西，才会被认可，这就促进了真才实学的学术竞争。大学制度也就是这一时期不断传播开来的，随后欧洲在科学和人文的长足发展都肇始于金属活字印刷术的发明和传播。

欧洲的金属活字印刷术虽然晚于中国的泥活字、木活字，但是发展的速度更快、影响更深远。其中一个简单的技术原因就是两种文字类型的差别，中国的汉字太多，使用字钉的成本过高。因为每个字都要重复使用，而且还有字体大小和字体类型的差别，因此即使是欧洲的字母文字，每一个印刷商都要有很多套字钉才能开展工作。这么多套字钉乘以中国文字数量的话，那种成本将是很难承受的。即使金属活字可以重复使用，但是从比较成本来说也未必比刻版更划算。

而且中国有科举制度，经史子集的固定书目有稳定的销售市场，印刷作坊也没有动力搞这种创新。与当时仅有手抄本的知识紧迫性不同，中国书籍的制作成本并没有太高，种类也并不是十分少。市场经济的发展程度也不一样，综合多种原因，活字印刷术在中国并没有流行开来，少有的木活字使用量也非常有限。据说朝鲜尝试过金属活字印刷，但也没有发展起来。

没有金属活字印刷降低成本，没有充分竞争的印刷市场，知识产品的供给动力自然有一定的差别。而且中国古代长期对文字进行管制，也限制了印刷的充分自由发展。欧洲得益于分散多元的地缘环境。这里不让印就到那里印，这导致知识产品输出相对自由。只要有好的作品就一定有市场，印刷商和作者都知道这个道理，这就导致了知识的累加式增长。而且金属活字相比于刻版书,其重新排版成本更低、效率更高,这就为版本迭代、知识更新提供了技术条件,而印刷商的相互竞争也为其奠定了商业基础。

为在智慧之火加上利益之油之后,自然逐渐形成燎原之势。

二、

这段历史与今天的纸媒和自媒体的对比何其相似!以我自身为例,上学的时候也喜欢写文章,但是除了学生自办的刊物,几乎没有在纸媒上发表过作品。那时候就知道在期刊上发表论文,很多是需要学历门槛的,一般都要有博士学位或者是大学的教职,当然还有很多名校的研究生可以与老师合署发表论文,还感觉是借了老师的光。

上班以后,一开始有考核,而且本身也有兴趣,就再次尝试发表,这么多年来在报纸上也没发表过几篇文章,在期刊上发表的论文更是屈指可数。时间长也感觉论文套路性太强,很多程式化的表述,很多象征性的引用,真正有价值的内容没有多少,还发表得这么费劲,也不知道写这些都是为了什么。逐渐也失去了发表和写作的兴趣。

总之,感觉纸媒的门槛太高,自己够不着,总结起来就职务、学历和学术名望是最重要的三个门槛,没有这些就很难逾越。只有达到这个门槛之后,才会考虑内容质量和勤奋程度的问题。最后,你会发现很多著名的学术期刊,版面也几乎是被少部分学者垄断的。跟很多年轻学者聊,他们也有相似的焦虑,一线的学术期刊对他们来说也一样遥不可及。而其他学术期刊,博士要毕业、老师们要评职称,因此竞争也很激烈。学术期刊的等级评比也是在拼学者的名头,拼引用率。这就使得这个圈子越来越封闭,对学术圈外的人来说,尤其是不满足那三个门槛的人来说,发表就变得越来越困难。

张军检察长就曾经批评检察系统的学术刊物也只发学者的论文,不发检察官的论文,其实就是发表门槛潜规则和学术论文化考核在作祟。

但从事检察工作十多年之后,我了解了一些真实的情况,也研究了一些真正的实践问题,甚至是司法改革的前沿问题,这些问题是有价值的,甚至是学术空白,应该把它们总结出来,但是仍然逾越不了传统的发表门槛。

后来我发现微信公众号是个非常神奇的平台,因为朋友圈都是这些文章,各种各样的文章,类型多样,水平虽然参差不齐,但从转发和阅读量的情况来看,还真的有人看啊。一开始,我也没有太重视这些平台,总是感觉没有那么正式,写作也没有那么符合规范,很多文章的口语化也很强,几乎每一句话就是一段。

但是这里面的有些文章读起来却是真过瘾,在这么短时间内就能传达很有价值的信息,而且还能包容浓烈的情感,让人感同身受。有的真的会刷屏，真的瞬间就可以让成千上万的人看到，而且还有很多留言，表明对人也真的有触动。

与之相比，很多纸媒文章虽然发表了但是少有人问津。其实只要有人看就好，管它在哪发表呢。于是我也想试一试。正好身边有同事就在弄公众号，我就先在他那开始发表，他还给我弄了一个专辑。编辑得也挺好，重要的是发表很痛快啊，基本一两天就能发，不用等太长时间。虽然开始时点击率并不高，一般也就几百，好的上千。但是还是感觉身边的朋友在看在转，在谈论，就有点小的成就感了。

后来"法律读库"的"库头"在转了我的几篇文章之后，就鼓励我以后多给法律读库投稿。说实在的，以前我都觉得法律读库高不可攀。它发的文章的点击率很高，文章质量也很高，后来听说用户数已经接近100万了。甚至还能推出自己的视频内容，对我来说这就是法律自媒体最好的平台了。

对于这种顶级平台，我还是有一种传统媒体的门第观念，感觉高不可攀，还不够自信，还不敢直接投稿，觉得还是要多积累。但事实上，自媒体的竞争很激烈，内容需求量大，平台的运营者，早已打破了所谓的门第观念，对于有内容创作能力的人也是求贤若渴。

因为这些平台有着先天的生存压力，所谓不进则退，每一天都要争取发表尽量好的文章，但是好文章总是有限的。好的作者更有限，他们是能够源源不断提供好内容的源泉。因此平台都要抓住一切潜力股。即使是你自己还不自信的时候，平台通过文章发现你的潜力后，就想将你挖过来，成为自己稳定的作者资源库，这样就可以使自己的内容供给保持相对的稳定。

而且自媒体每次发文的数量比较多，可以先给一些次条、三条这样的位置试试作者的实力，如果内容不错,也会放在头条。在这里内容质量还是最核心的,作者的名气、身份都不那么重要。因为读者也只对文章质量买账，不买名气和身份的账。总体来说这是一个靠实力比拼的舞台。

逐渐有稳定的发表平台之后，创作节奏自然也加快了。因为能够立马发表的感觉真好，比如晚上 12 点的时候投过去的文章，早上 6 点就发出来了，真是太刺激了。这种对作者的激励是无与伦比的。虽然无法纳入考核，不算学术成果，也没有稿费，但是能让人看见，就是发表的本质。

而且马上就会有读者在下面留言，开始的时候批评的多。因为我还不太适应自媒体写作的风格，还是喜欢像写论文那样长篇大论，而且喜欢引用。总以为不引用就不规范，就失去了学术感，就显得太随意了。但其实很多引用也并没有太多的必要，反而显得非常堆砌，不能直达核心。

后来慢慢领悟到，只是写自己想说的话就好，写自己脑子里储备的东西就好，那些还需要引用的东西，除非十分必要，都意味着是它还没有成为自己真正的思想。

因为我们在聊天的时候是不会去翻书的，但这并不影响交流，也并不影响思想的表达。真正核心的内容并不多，直接表达出来就好，那些铺陈、概念并没有太多的意义，人们需要的是比较直接的表达，直击人心。而且往往越真实越好，因为只有真的东西才能打动人。只有触动到人，才会引起转发、推送，才会让更多的人看到。而且从屏幕阅读的感受来说，最好是一气呵成，否则很容易放弃阅读，因此内容的流畅性就变得极为重要。

但这并不意味着我们只能跟风、追随潮流，或者只能写短文，只要写的东西有价值就会有人看。事实上，我在自媒体上也发表过几篇近两万字的长文，很多人认为违背了自媒体的规律。其实自媒体的规律就在于它没有规律，没有一定之规。只要对社会有用，并不论长短、形式和名头，就会得到传播，对社会有用性决定了一篇文章的真正价值。这也应该成为知识创新的出发点。

而且事实上，我追求的也不是大家一时的兴致，我希望文章对人产生真正的、长久的影响。听朋友说，有些人喜欢把我的文章打印出来再慢慢看，我听了很感动。

三、

总体来看，自媒体更加追求的是内容的实质性、真实性和流畅性，从而打破了传统媒体的形式要求，因此很多知名一点的自媒体作者经常会被称为"网红"。也就是主要在网络上红的意思，暗含的意思就是还没有得到社会真正的认可，只能在网上红，是一种短期现象，稍纵即逝，缺少真正的实力。其实表达的就是对传统媒体上没有话语权的人，流转到自媒体而获得话语权之后的一种继续的不认可。

这种不认可，也自有其道理，有些自媒体作者确实存在追求标题党、追逐热点，缺少深度和专业性等问题，也存在贩卖焦虑、耸人听闻的情况。也就是存在短期效应，确实有火一把就走的问题，与传统媒体上讲究专业性、长期性、持久性形成鲜明的对比。但这并不是自媒体的全部，甚至本质。自媒体更像是古腾堡以来的印刷术，它只是一种更加公平广泛的传播平台而已。

事实上，自媒体里面有口水文章，也有严肃的内容，更有很多很专业的内容，内容更加包罗万象。它们最重要的一点是降低了发表门槛，让所有人都进来，增加了供给，然后展开竞争。就像当初的印刷作坊一样，他们是根据需求提供内容的，作者的身份限制并不是他们考虑的主要内容，他们考虑的主要是内容的质量。

这实际上就是将市场法则引入到内容创作之中，在无形之手的推动下，内容根据公众的需要而不断迭代更新。因为有微信的高粘性和用户的真实需求，有方便快捷的发表渠道，作者们可以展开频率更高的创作。

突然之间，出现了这么多公众号、这么多文章，我们每天都应接不暇。事实上，我们每个人每天阅读文章的数量都增加了。因为创作的内容爆炸了。这实际上是一次知识增长的爆炸。

就拿我来说，从每年只写几篇文章，到现在每年写几十篇文章，这在原来是不可想象的。这是自媒体给我带来的动力，是自媒体次日发表这种迅速而直接的激励让我有了源源不断的热情。而我自己也因此获得了成就感。感到自己的文章会影响到别人，写的一些话可以经常被人广泛引用，甚至被最高司法机关的领导引用，成为很多司法官执法理念的一部分，他们也会告诉我这些内容曾经触动到他们，对他们的执法观念有了影响。而有些建议真的成为一项制度，有些思考现在已经研发出系统。这些内容并没有停留在网上，而是实际地影响到现实工作的时候，我知道发表文章的目的就达到了。

事实上，发表文章的目标、知识创新的目的就是促进社会的发展，真实影响人才是最重要的，至于内容、格式是否要符合某种标准，并没有那么重要。为了符合某种标准削足适履，粉饰包装，并为此耗费大部分的精力，消磨掉创作的热情，是得不偿失的。

而且还要维持以月为单位计算的发表等待时间，实在是严重制约了知识创新的效率。以月为单位的等候发表的时间，实际上就构成了以月为单位的创作周期，这是无法与以日、以小时为单位的创作节奏相比拟的。发表等候的时间越长，创作的周期也越长，因为创作缺少发表的激励。发表的周期加快，自然就鞭策作者们要动起来，公众号每日都要更新，每日都要有文章发表，你不发表总有人发表，而你只要写出来就有地方发表。

发表与否不再受到平台的约束，只是取决于创作者自己。而除了平台形成竞争之外，作者之间也正在形成一种竞争关系。你自己就是自己的经营者，自己就是一个品牌。强迫自己更加勤奋地写作，就可以立即兑现因为创作传播所带来的影响力。

这种影响一开始看起来好像没有传统媒体的影响那么大，但是它是一种真实的影响力和荣誉感。因为荣誉感归根到底就是同类的认可：总是获得更高的点击率，总是被别人转发，而且真的可以影响很多人。这些都构成真实的影响力，不管你如何称呼都不会改变。

当然评价影响力也不仅仅看阅读量，还是要看内容是什么，影响的是谁，以及对现实世界产生了哪些影响。

这种自媒体的影响力也会逐渐向传统媒体渗透。因为这些文章可以结集出版，出版虽然也有类似纸媒类的门槛要求，但由于需要销售，它多少还是要考虑市场的真实需求，这与学术期刊和行业报纸的固定订阅模式有很大不同。

通过出版，就可以逐步迈入传统影响力的领地，因为书籍更容易被人严肃阅读，更代表一种正式影响力的身份。从而也更进一步被传统媒体接纳，也就更符合声望的概念，从而获得更多在纸媒发表的机会。

我在逐渐了解的过程中发现，纸媒之间也并不是完全没有竞争的。编辑也希望有好的内容，但是因为版面的限制、管理的要求和对内容安全性的考虑，坚持高企的发表门槛其实是一种保护机制。也就是在确保内容安全的情况下尽量增加内容的吸引力。而出版在审查机制方面也有类似的相通性，因此经过出版之后，内容的安全性也多少让杂志编辑们更有信心。其实内容并没有真的改变，是传统媒体对你的认识发生了改变。

事实上，逐渐适应自媒体的创作模式之后，我更希望写一些真的东西，做一些实质化的表达，在格式规范上已经厌倦了繁文缛节。更重要的其实是我们没有长期等待发表的耐心。

我们急迫地等待公众对作品的反馈，从而刺激下一篇文章的撰写，如果一篇写完还没有发表，感觉就跟白写了差不多。最好就是把它忘了，否则确实会影响创作的情绪。也慢慢学会不再妥协，因为对发表也不再恐惧。并不会屈从于平台的标准，而更加渴望直接接受读者的品评。因为我已经逐渐了解到读者的真实诉求，也希望向他们提供自己最坦诚的想法。

自媒体给我，也给了很多人提供了发表内容的机会，我们既是作者也是读者，我们每天也消耗着大量的新思考、新想法。从这个层面上来说，自媒体是又一次的印刷术革命，它让印刷机飞入寻常百姓家，让每个人都可以发出声音。给每个人机会，并允许每个人参与到知识创造的竞争当中，这必然极大刺激知识的创新，观念的变革，实际上是加快文明的进化速度。

恍惚之间，这五年过得好快。在拼命强迫自己写文章的时候，我也强迫自己看了很多书，因为创造本身是最消耗创造品的。感觉自己这五年思想变化的节奏也加快了。如果不写文章，很多思想便不会记录下来，很多碎片化的想法便不会体系化。虽然有些想法还没有成熟，但实际上写下来，读起来还是有一定启发的，写作是思想系统化的过程。从此阅读也变得更加有针对性。

尤其是针对某一个主题进行连续性的写作，就会在这个主题越挖越深，比如起诉书、认罪认罚、出庭系统、司法与算法、社会治理问题等，都让我有了全新的认识。写作事实上就是在适当压力下的创造。

而所谓创造，实际上就是神经元之间不确定的链接，这些只有在适当的压力下才能完成。写作就是这种压力，但前提是要有思考和积累。但思考和积累永远没有完全准备好的时候，所以无须为自己找借口，只要坐下来去写就一定会有收获。

尤其是现在的发表门槛这么低，作品很容易让公众看见。只要写起来，建立了与读者之间的正向反馈循环，就可以进入提升自我的上行通道。而且发表还会带来一种荣誉绑定效应，由于经常写，很多人也会经常关注你，在重要事件发生的时候希望听到你的声音，他们会问最近怎么没有看到你的文章，他们的关注是一种期待。

写作不再是个人的问题，而是你对这些读者的一份责任，在合适的主题出现的时候，你也会觉得有义务说点什么，这就构成了你持续创作的内在动力。完成上百篇文章之后，很多思想就会慢慢地沉淀，在讲课的时候一般也不再需要讲稿，因为很多例子、观点都有数篇文章作为支撑。有人可能会比较惊讶，这固然有一些技巧和训练在里边，但从根本来说这是积淀的结果。当你的作品足够多，就像水桶里的水一样可以自然溢出来。

自媒体这个印刷机给我们每一个人创造了发表观点的渠道，让我们每一个人都可以实现更加快速的自我进化，因为整个社会的进化节奏都在加快。如果我们跟不上节奏，就会被时代落下。

做个文艺复兴人

很久以来我都对文艺复兴充满了好奇和敬意。

是什么力量,能够在黑暗中催生出如此绚烂的文明?

不仅仅是巨匠的画作,还有生机勃勃的人文主义思想。

这是一个传统固化的社会网络不断松动的时代。

是古腾堡的活字印刷术造就了这一切吗?历史从来不是这么简单,虽然这是一股巨大的力量。

那又是什么催生了古腾堡的活字印刷术呢?事实上,即使没有古腾堡,印刷术的普及也是早晚的事。据说,同一时期在尼德兰地区已经有类似的印刷技术萌芽,只不过没有古腾堡这么精良,这么有代表性。

对知识的渴望,贩卖知识产品的有利可图是这项技术的历史性契机。

这是中产阶级的需求推动的,就像今天的知识服务行业一样。

是需求创造了供给，供给又拓宽了需求。

记得前几年，罗振宇、吴晓波还有高晓松还在免费录制长视频节目。但是现在好的东西开始不再免费，被知识所愉悦的习惯渐渐养成，这也支撑了知识付费的基础。

互联网知识产品从免费时代进入付费时代，我们愿意为好的知识买单，因为我们对知识的渴求和焦虑足够大。

当中世纪人对知识的渴求和焦虑足够大的时候，自然也就愿意购买知识的产品——书籍。但前提条件是有了购买书籍的经济能力。价格比手抄本低廉很多倍，但是功能没有降低的印刷书就拥有了很强的竞争优势。

价格优势自古以来就是基本的市场竞争策略。

但是考虑到消费习惯，印刷书从版式设计上还是要像手抄本靠拢，比如首字母放大、绘制纹饰、套红印刷等，目的就是显得与手抄本一样高级。

高级感也是当时书籍的一项重要功能。你绝对不能像今天买书一样去考虑当时买书的问题。书籍在很长一段时间都是奢侈品。

直到15世纪末期，几乎没有哪座图书馆的藏书超过300册，就连法国国王也只有910册藏书，这些书都被锁在桌子和讲台里——它们太珍贵了。在美剧《权力的游戏》中，山姆在学士城图书馆翻阅资料时，我们能看见有些书甚至拴着铁链，这就是中世纪图书馆的真实写照。

把印刷书做得更像手抄本是早期印刷品的一个重要策略，利用用户已有的习惯，激发需求。

购买印刷本的读者当然知道这不是手抄本，因为他根本买不起手抄本。但是如果放在家里，印刷本能以假乱真——那一定是一件很有面子的事。

当然这是最初的策略，目的就是征服整个知识品销售市场。当印刷书在这个市场站稳脚跟的时候，渐渐地就没有必要再进行刻意的伪装。通过提高印刷技术降低成本，商人开始印制低廉的小开本口袋书，这可以使知识进一步向更低的消费层级传播。书籍逐渐向知识载体这一功能回归。

这一趋势从未中断，从平面印刷，生产更为低廉的报纸；到企鹅出版社，生产质优价廉的平价书；直到各类电子书等产品的问世。

知识越来越不依赖于某一特定的载体。

知识的传播还有另外一个路径，它的载体从书本意义的文本，越来越向音视频、多媒体方式转化。

实际上就是现场的非文本的知识传播，是向线上的公众传播。

使最优质的大学教育资源、向名师学习的机会，变得公众也唾手可得。

另外还有很多传统媒介无法播放的非主流观点和知识也可以在此获得。

它其实代表着一种机会成本的大众化。

以前如果你考不上这所大学,就无法向这些大学的老师请教;你不认识这些名人、高手,就无法获得他们的指点,这不是花钱可以买来的。而这些内容不是书本能完整记录的,书籍中没有这样教授的过程,而且也没有这么及时。这是这些知识产品的稀缺之处。

从古登堡以来,书面化知识的普及之后,再一次将非书面化知识普及,这是一项了不起的创新。

因为知识产品绝不是简单的商品,它可以改变人的思想、理念,从而影响人的行为,是所有其他商品之母,是人类文明之源。

而且这种产品虽然生产成本很高,但传播成本很低,传播得越广越有价值。而且还能够产生累加效应,知识的雪球会越滚越大,甚至会产生颠覆性创新,从而给社会带来巨大的推动。

就像活字印刷术所带来的科学革命、地理大发现、宗教改革和启蒙运动一样。

付费知识产品的勃兴,让人欣喜地看到了新的黎明的曙光。

尤其是最近宅在家里的人们,除了看一些娱乐产品之外,对于知识产品也会有更强的感受。

而且由于新的付费模式的推动,知识产品的生产也会有一个翻天覆地的变化。比如薛兆丰老师的经济学课程有48万人购买,每人199元,这就是9600万。平台分一部分,薛老师至少也有几千万的稿费,这种激励力度要远高于出版的稿酬。

在这种强有力的激励作用下,成百上千的教师、学者、专家、专业人士、知识达人都投入知识产品的创作之中。

这形成了新的知识产出体系,而且会越来越庞大。有些还在通过免费的方式聚拢人气和流量,其中的佼佼者已经开始获得丰厚的回报。这种丰厚的利益必然引发一轮又一轮的知识产品竞争,从而进一步提高知识产品的质量。

当然,这些知识的受众是大众化的,也不会产生高精尖的科研产品,有别于大学的研究。也没有书籍覆盖的领域那么广博。所表达的内容也不是那么兼容并包。

知识付费产品往往只是选取了一些更基本、更通俗、更有故事性的内容来进行传播。但这并不能否认其所蕴含的巨大价值,那就是知识普及的作用。

付费知识产品是书本知识的补充方式,是在个人缺少学习机会的情况下,可以辅助掌握各类专业知识的方便工具。比如量子力学这么高深的知识,自己看书就比较困难,但是有人来给你讲一讲,就明白多了,再有兴趣就可以自己研究。这些基础知识不足以支撑你获得诺贝尔奖,但却是可以激发起很多少年的好奇心,这里面就很有可能涌现出伟大的科学家。

经济学也不容易自学,很多文科生走上社会以后,再想回头学就很难了。你会发现很多经济领域的新闻报道你都看不太懂,很多教科书里的大量的公式又让你望而生畏,但是一堂经济学的在线课程可以让你了解到基本的方法。从而让你理解现实生活中的经济现象。

是的，现在知识产品的重要作用就是教会你各种各样的获取知识的方法，使你获得更多的思维工具，拥有更强大的思维能力，进而也就获得更多的发展机会，实现个人的加速进化。

而很多的人实现了进化加速，这个社会的进化速度就必然加快。

这就是知识的动力。

其实仅有知识是远远不够的，还必须拥有探索未知的勇气，还必须有敢于质疑的批判精神，这才能获得真正的知识。

即使冒着火刑的危险，也会探索新知，也要敢说真话。

在别人都说地球是平的时候，你敢说地球是圆的，并展开论证和计算。别人说是圆的，你敢说不是完全圆的，而是椭圆的，这就也获得了一次进步。当别人都说是圆的时候，你却说是平的，你看到的是全球化，你有了新的维度。当《世界是平的》成为畅销书和共识的时候，你又说世界并不是平的，这是在指出全球化的困难，还是在拒绝全球化的进程？我们并不知道。我们要看你具体说的是怎么个不平法，这就需要我们的辨识和认知的能力。

知识就是这样一个进化的过程，但要想获得新知一定要有获得真理的勇气。

当然也要有允许和鼓励真知得到传播的环境。

说一个故事,麦哲伦环球航行的目的其实是寻找香料群岛,并确认穿越美洲的海峡航道。由于其不谙世事,得罪权贵才得以启航,在启航之前其手下就已经被鼓动趁机叛变。虽然由于麦哲伦的果敢和智慧,得以平息多次叛乱,但是在接近如今的麦哲伦海峡附近,向寒冷的南极方向驶去的时候,还是有人乘机逃离,并带走了大量的食物和淡水。

这些逃兵返回欧洲之后,通过编造谎言获得了极大的荣誉。直到真正完成环球航行的麦哲伦舰队余部返回,真实的信息才得以披露。虽然有航海日志等大量证据予以证实,但当时在很长时间内,人们对麦哲伦的说法还是将信将疑。

如果社会只能长久维护欺世盗名者的既得利益,那社会就无法获得真正的发展。当然,我们今天的人也就不会知道真相,而且更不会再鼓励其他人冒着生命危险去探险。

所以在鼓励创新和发展的过程中,公正的社会规则和激励机制是极为重要的。

我们要鼓励的是实质性的工作和创造,形式应该服从于内容。坚持真理和真相应该被鼓励,曲意逢迎、阿谀奉承、攀附钻营所获得的利益不应该长久。只有这样,人们才会敢于付出生命和精力去探索、发现和创造。

但是在完善的法治环境和激励机制没有完全建立之前,即使付出努力也不一定能够立即得到公正的回报,可能还会有误解、委屈和挫败。

麦哲伦知道这一点，但是他依然义无反顾，他具备其他人只有在别人监督下才有的那种自律。因为他是一名敢于冲破黑暗的文艺复兴人。

他并不求当下、立即可见的回报，但他对真理所产生的巨大能量有坚定不移的信心。他知道自己迟早会因此获得巨大的声名。

这就像被迫从雕塑家改行创作壁画的米开朗基罗一样，长年坚持躺在高高的脚手架上在穹顶作画，任由油彩滴落到头发上和眼睛里，他也是在证明自己。

达·芬奇每一次绘画前都要进行大量的解剖研究，系统地对植物、动物、水利、机械、数学等一系列科学进行研究，才创作了数量不多但是件件都堪称人类瑰宝的艺术作品，他大量的手稿在很长时间之后才得以公开。

还有那些人文主义巨匠和伟大的科学家，无不是穿破层层重围，仍然对人性和真理孜孜以求，才留下不朽的作品，并影响了一代又一代人。

坚持真理之路并不平坦，但它通向光明。

虽然有利益激励机制，但是任何实质性的创造都难以避免地要与习惯思维、现有权威和不合理的机制环境产生矛盾。

这是一条绕不开的路，就像麦哲伦的路一样。

但是只有通过它，才会多一份光明。多一份光明就多一份改造现实的建设力量。

因此，不要光抱怨现实的问题，做一个文艺复兴人吧。

无序和有序

在不确定性下生存是每个现代人的宿命。

这是一个混沌的世界，同时包容着无序和有序两种形式，有时候它们甚至是相互交融的。

我们习惯于按照一种有序的方式生活，我们希望一切都可以尽在掌控。

当不确定性风险到来的时候，我们也本能地希望不要打乱现有的秩序。我们害怕对不确定性风险反应过大会打破安宁祥和的氛围和秩序，因此往往选择低估不确定性的风险。通过低估风险，我们创造了一个有序的假象。这个有序的假象，让我们错过了早期避险的窗口期。

我们希望可以控制一切的无序，我们将意愿当作能力。当我们发现做不到的时候，自己已经惊出了一身冷汗。

我们有一种报喜不报忧的习惯，其本质是我们害怕失控带来的无序感。

我们不愿意承认我们实时都被不确定的风险包围，我们很多时候是处于一种无序的混沌状态。但我们仍然要强装镇定，希望一切都"看起来好好的"。

渴望秩序并没有错，但希望时时刻刻事事都有序却是错的。尤其是只要事物的发展超出了自己的理解能力和突破了自己的思维习惯就认为它是无序的，其实这反映的是自身的能力不足和本领恐慌。把看不惯、看不懂的当作无序给否定掉，强拉回到自己习惯的路径上来，不但于事无补，反而可能恰恰是违背规律的，关键时刻就容易出大问题。

根据热力学第二定律，作为一个"孤立"的系统，宇宙的熵会随着时间的推移而增加，由有序走向无序。当宇宙的熵达到最大值时，宇宙中的其他有效能量已经全数转化为热能，所有物质温度达到热平衡，这种状态称为热寂。因此无序其实是世界的本质。尤其是飞速变化的社会，很多时候不能完全如人所愿。这与农业社会的田园牧歌和工业时代的流水线的节奏不是一码事。其实那时候也有风险，但只是由于社会运转的速度很慢，所以扩散的速度也就显得没那么快，风险产生的频率也没有现在这么高。

现在已经是一个完全不同的世界。以时间为维度的人类发展曲线是一个急速上扬的曲线，人类的发展呈指数级的加速态势。我们就看手机的发展就行了，从大哥大到普及型手机再到智能机，从不能上网到2G、3G、4G、5G，变革的频率越来越快。

互联网发展到今天才不到半个世纪，但是一再对世界的发展产生革命性的影响，这些影响几乎是随处可见的。

与此同时，我们对环境的破坏程度也在加剧，很多时候甚至都无法挽回。

而且科技本身有时候也是双刃剑，我们在享受现代科技所带来的福利的同时，也必须承受其所带来的风险。

危机只是一个方面，我们对不确定风险的应对能力，也是一个不确定的风险。

本来我们用以维持秩序的人可能就是"不靠谱"的。在平时有序的环境下还显不出来，在应对无序的关键时刻，这种"不靠谱"就暴露无遗。正所谓，疾风知劲草，板荡识诚臣。

那些希望维持有序状态，甚至制造秩序假象的人，才正是隐藏在有序中的不确定风险。

我们平时对他们的无法发现、无法识别，这本身就是预防风险的缺失。

我们需要直面不确定的风险，因此我们更需要靠谱的人。

这些靠谱的人和能够确保他们脱颖而出的制度才是抵御不确定性风险的真正力量。

没事不找事，出事不怕事，真有事真得靠得住，这是最朴素的期待。

直面风险，能够承受暂时无序的压力也是现代人的应有品质。

现代社会,没有什么是一成不变的,也不可能都岁月静好的。

因为一切都高度紧密而且高速运转,对风险回应的任何迟疑都可能让它无限放大。

为了真正维持有序的发展,果断地处理风险,并能承受暂时的无序状态,是最有效的解决方案。

但是知易行难。如果有人将这个暂时的无序看得无法承受,而且把它当作是一种不可破坏的大局,并以此来压制风险的迅速解决,有时候也可以获得暂时的成功。因为有些爆发期来得慢,压制也就压制了,短期内看似也出不了什么大问题。

但是风险就成了击鼓传花,爆发也只是早晚的事。

压制不确定风险并不一定会马上出事,因为爆发周期具有不确定性,风险等级也具有不确定性。这就像是赌博,我们总是选择把盖子先盖上,然后等下一个人再处理。而我们不知道盖的是一个茶壶还是一座火山。

其实茶壶盖多了也会成为火山。

有些不确定性风险的爆发就是因为我们对无序的整体恐惧。

我们不能理性权衡应对不确定性风险的暂时失控状态与压制风险的远期巨大危害之间的区别。

两害相较当然应该取其轻。

我们必须放弃一切都能尽在掌握的妄想,回归无序和有序交织兼容的现实之中。

并且学会在无序之中保持平衡的能力,就像骑自行车,只有在保持速度和适当放松的状态下才能保持一种动态的平衡。

真正的有序只是在无序之中的一种动态平衡和从容心态。

无序并不可怕，假装风险不存在才是最可怕的。

在动态平衡中培养对一时无序的承受力、从有序中发现无序的鉴别力、从无序中孕育出有序的创造力才是我们应对未来的挑战的真正能力。

如何应对危机

《剧变》是贾雷德·戴蒙德2019年的新书，他从个人职业选择的危机入手，以芬兰、日本、智利、德国、印尼、澳大利亚和美国等国家和地区的危机应对策略和经验教训为例，全面总结了国家危机应对的十二个步骤，即直面危机、愿意承担责任、明确问题的边界、寻求帮助、借鉴榜样、国家认同、诚实自我评估、应对危机的过往经验、耐心、自身灵活性、核心价值观、国家地缘约束。

这是国家的应对策略，我们没有多少人有机会掌握国家的方向，但是个人的方向一定是要自己掌握的。这一套危机应对策略对个人的危机应对也有极为重要的借鉴意义，何况它本来就是由戴蒙德的个人危机应对框架演变而来。贾雷德·戴蒙德是《枪炮、病菌与钢铁》的作者，既是科学家也是历史学家，是目前在世的最重要的思想家之一。

恰逢写作本文的时候又是世界读书日，因此我也想从个人经历的角度谈一谈读书对危机应对的作用。因为个人能够调动的资源毕竟是极为有限的。

一、

这还要从我小时候说起。我母亲试图培养我从小读书的兴趣，在1980年代初，她在东北一个县城的化肥厂订阅了两本杂志，一本叫《智力》，一本叫《儿童大世界》。这在当时是非常超前的做法，我的小学同学和中学同学好像都没有听说过这两本杂志。而我老家的报刊亭，直到我去上大学也没有卖过这两本杂志。这两本杂志让我开阔了同龄人未有的眼界，获得了某种信息不对称的优势。

当时的阅读方式主要是作为睡前读物。据母亲回忆，如果睡前不给我读一会儿，我就不睡觉。我反正是没有印象了，但是我儿子也是这个习惯，所以可能有遗传。

在小学一二年级的时候，我们做过一次智力测验，据说我得分最高的是想象力。确实，我很早就开始胡思乱想跟我接触书——确切地说是杂志比较早有关系。

我还记得我妈给我买过一套小人书叫《魔方大世界》和一本字比较多的书叫《小鲡寻鲸鱼记》，我爸还带我买过一本书叫《哪吒闹海》。其他就基本没有印象了。

我妈虽然认为看书很重要，但还没有藏书的习惯，家里能够翻到的书，就只有《清宫秘史》之类，或者所谓的报告文学，或者《攻打伊拉克纪实》之类。

记得有一个老邻居，家里有很多小人书，他们搬家的时候，给我们周围的小孩都分了一点。

我分得几本《三国演义》的小人书，如获至宝。特别渴望能够买一套完整版的《三国演义》小人书，但是求之而不得，毕竟家里条件有限。记得我多少次徘徊在新华书店的橱窗和柜台前，只为一睹《三国演义》的小人书，以及其他琳琅满目的书籍。其实当时书店里书的种类也是非常有限的，但是与我那几本零散的小人书相比，仍然是精神的宝库。

但是我毕竟还有不少《智力》和《儿童大世界》，我慢慢识字之后，就开始挖掘这里面的内容。我把它们整理起来，看后面连载的漫画，就像看一本书。我也从这里面了解了美国的星球大战计划，对太空充满了向往。

但我当时能接触到的书籍仍然是非常有限的，上中学之前家里都没有书架，后来上了初中，我自己锯木头、刨木头，打了一个书架。所以我人生的第一个书架是自己做的。我妈说，我继承了我爸的木工手艺。因为他们结婚的沙发，也是我爸自己打的。确实自己动手，丰衣足食啊。

现在回想起来，我在小学期间对书籍的强烈渴望，应该是与很早就接触书籍所产生的求知欲望有关，其实这是很重要的认知契机，当时没有抓住。以至于，我现在有一种报复性买书的冲动,都是当年精神饥渴的后遗症,我生怕错过了任何一个认知契机,包括我自己的和我儿子的。

当时因为一直想买书也买不到,这个热情就慢慢消退了。甚至还有反感情绪,不喜欢看书了。当时我有一个幼稚的观念,就认为语文是最简单的,因为生字会越学越少。当时数学还可以,很早就参加了奥数集训,所以就存在很严重的偏科倾向。我的语文考试成绩基本在及格线徘徊,而且我还特别不愿意写作文,尤其是小学的作文题材主要是记叙文。经常是记一件好人好事,我也没做过什么好人好事,怎么写啊?看着别人编造的好人好事,还得到老师表扬,我就很厌恶。我一生都厌恶编造的东西,更厌恶因为编造还能获得荣誉。

但是老师对我很好,她和我妈说,这个孩子很聪明,就是怕以后偏科考不上大学。

但是我当时并不十分担心,因为我感觉我的数学远远超过其他同学,只要以后不写记叙文问题就不大。而且我的记忆力也还行,我可以背下来那些课文和古诗,只是我特别讨厌机械记忆。所以我的数学课本几乎都是新的,我从来不背公式,我只是理解公式背后的原理,需要的时候我可以现场推演。

我对我的智力不担心,但是我还需要担心另外一件事儿,就是发音问题。也不知道是什么时候,应该是在上小学之前,我就不会发声母 L 这个音了,我只能发成 N。当我读自己名字的时候,我只能读成"牛哲",如果唱歌时唱"啦啦啦"的时候,我只能发"呐呐呐"。

所以我会尽量避免站起来读课文，当众讲话，大声唱歌，流畅的交流，这也必然制约了我对语文的兴趣。我因为不能够，所以不擅长，因为不擅长所以也会排斥，或者故意贬低它的重要性。

这对我是一个很大的危机，伴随了我整个的童年和少年时代，直到高中的时候，才自己想办法解决掉。

这种发音的障碍对我来说是一个渐进性的危机，当时我想了很多办法去克服，比如吞字的方式，或者替换的方式。说话的时候我会迅速把自己想说的话过一遍，然后尽量剔除掉 L 音的文字，如果实在替换不掉就含糊的表达，或者干脆吞掉。比如我在班级维持纪律的时候，会说："别说话……"而不是："别说话了"或"别说话啦"。但是由于我会正好在喧哗声的顶点把它喊出来，所以我的尾音就会与噪声发生一定的混同效应，以至于同学们也听不清我说没说"了"这个字。总之，都是这些小技巧，就是说话比较费脑子，要想两遍。

当然这是渐进的危机，还是有缓冲的机会的。

二、

更大的危机还是我小学六年级时，我父亲的去世，那一年他三十七岁。所以他比我现在年轻，他永远定格了，一晃我现在都四十岁了。其实当时我也不是完全没有心理准备的，因为他已经病了有几年了，而且住院也很长时间了。

那是个冬天，当时我十三岁，我清楚地记得，就在那一年我成年了。

所以我的成年不是十八岁，而是十三岁。我总会思考一些超越这个年龄的东西，就是从这个时刻开始的。

我必须思考生死、责任和发展问题。

我感觉家庭的责任都落在自己的肩上，从此以后家里的所有大事都是我来决定的。

一种强烈的危机感油然而生。虽然责任感有了，但是我毕竟没有成年，没有收入，没有社会阅历，没有实际的履行能力。

而且我也苦闷、彷徨、迷茫，面对世态炎凉，我又能跟谁诉说？面对更加脆弱无助的母亲，我决定这个责任应该由我来扛——至少精神支柱这方面。

一个基本的理性判断，那就是要好好学习，将来考个好大学，改变自己和家庭的命运。

于是我郑重地听从老师多年的教导，准备把语文好好学一学。但是我对语文已经无感很多年了，怎么学呢？

比较功利和现实的是，我开始买《中学生阅读》，看看里面的散文，了解基本的读书、写作技巧。杂志方面，后来还买过《童话大王》《少年科幻》，因为我感觉比较容易接受它们的内容，毕竟对阅读的厌倦感是不容易克服的。所以要面对现实，只要能开启阅读就行，开卷有益嘛。再后来是《读者》，这是中学时代最重要的读物，几乎每期每篇都看。

但是光看杂志是远远不够的，还是要看书。我自然想到了儿时的梦想《三国演义》小人书，但是作为一个小学快毕业的人，也不能再买小人书了吧。虽然之前有那么想买，但是考虑到性价比，加上心智的迅速成熟，我决定不再买小人书了，而是应该奔着真正的《三国演义》原本去，要取真经。但是考虑到很多字都不太认识，加上有点看不明白古文，所以就买了本通俗一点的《曹操的故事》。这本书很像励志故事，而我那个时候特别需要励志故事的激励，继而又买了《元首传》，看到了很多伟人的童年也有很多不幸。《元首传》其实是一本如何克服人生危机的案例集，我当时如获至宝，看了两遍。事实上，在人生规划上，这本书对我有很大的启发。它就是我在恰当的时间看到的恰当的书，虽然内容我都不记得了，但是我读出了希望。

我心中默念：天将降大任于斯人也，必先苦其心志，劳其筋骨，饿其体肤，空乏其身，行拂乱其所为，所以动心忍性，增益其所不能……

书籍为我打开了一扇窗，让我看到世界如此的广阔。毕竟终其一生，我们每个人的阅历都是十分有限的，从身边人身上能够学到的东西也是十分有限的。

当你想要走得更远的时候，你必须向书籍学，那里面有历史上无数先辈的人生经验，他们走过了我们永远也不会走过的路，思考了我们从未思考过的问题，看到过了我们从没看到过的风景。

看书决不只是为了写作文，书籍是在塑造我们的人生观和世界观，它影响了我们的精神世界和思维能力，而人真正比拼的其实正是这些。我很后悔，我领悟得太晚了。

从此以后我就一发不可收拾，买了很多通俗类的书籍，包括《中国上下五千年》《世界上下五年》《十万个为什么》，后来也买了原本的《三国演义》《水浒传》，但是《三国演义》的生字太多了，我初一的时候就只看了三分之二，后来再也没有完整地看完，也是遗憾。当然，我那时也要追求阅读效率，就是要尽快读懂，在有限的时间读更多的书，没有那种闲情逸致慢慢看。

在小学毕业前夕，我还经历了一次比较大的事故，就是4·30事故，当时小学五年级和六年级的同学分乘三辆大客车去千山旅游，五（一）班和六（一）班两个班坐一辆车，每个年级都有三个班，依此类推。当时由于大雾迷路，拉着五（三）班和六（三）班两个班同学的那辆车坏在一个铁路口。那辆大客车被撞飞，很多从小一起玩到大的同学离开了人世，还有落下终生残疾的。这件事与我父亲去世相隔不到半年。那一年夏天我就是在追悼会和医院之间度过的。我当时是六（一）班，其实我们年级原来只有两个班，好像是到了五年级才硬分出来的第三个班，所以六（三）班的同学很多就是我原来一个班的同班同学，都比较熟悉。

这些也加快了我心智的成熟。

对很多人生的大问题我有了比较现实和深入的思考。

再加上，当时我也读了一些书，有了一些小的积累。

三、

当时我还做了第二件事。那就是读书的同时，还要把身体搞好，同时也是磨炼自己的意志。我从一些历史书中了解到，斯巴达人着重对身体和意志品质的训练，于是我就从跑步开始。所以我的跑步生涯也是从小学六年级开始的。

身体这方面，父亲的病对我是一个非常大的提醒，没有好的身体什么也都不用谈。

而想要长期的读书、学习，没有好的身体也撑不住。最重要的是，没有坚强的意志力是坚持不了的。人的惰性太强了，每天都要和自己的惰性进行抗争。

因为东北的冬天冷，天不亮就起床本身就是对意志的一种考验。我强迫自己无论任何天气，只要不下大雨，都要坚持跑步。冬天天亮得晚，直到经过桥洞子和小树林跑回来，天还是黑的，天越冷越能考验人的意志品质。

后来，我觉得跑步主要不是锻炼身体，因为我跑得也不是很远，不是那种真正意义上的训练，主要是形成一种自律的习惯，是一种修行，是每天对自己的确认和交代。

让自己相信自己的信念还在，还能强迫自己做正确的事情。

其实所谓的发展不就是强迫自己做正确的事情吗？

这些都能做到的话，坚持看书就不是问题。

跑步+读书就应为一种绝配和良性循环。

我忘了当时是从哪本书里学到的，要写好文章无非就是多背古诗和古文。因为这些都是传统文化的精髓，如果要是能写古体诗就更厉害了。而且对于急于提高语文水平的人来说，这也是一条捷径。

当然这是一条十分艰难的捷径。

我先是把小学学过的诗都捡起来，每天多背一首。

每天跑完步，先是把之前背过的诗温习一遍，然后再背一首新的。

我这么做还有一个目的，就是提高自己的语言表达能力，包括发音能力，毕竟是要大声地背出来，肯定对培养语言的韵律感有很大的帮助。

而且我也在试图解决自己L发音的问题，当然这一阶段并没有成功。

但是随着时间的累积，我把以前学过的诗和古文都背完了，那就背下学期的，以及一切需要背和接触到的古文和诗歌。首先这就把课内任务解决了，需要背的都背熟了，而且我对古文的感觉越来越好，对汉语的精妙和细微之处慢慢有了感觉。

当时最高峰的时候一口气能背完三百首诗，后来也慢慢松弛下去了。于是我开始尝试写古体诗或填词，记得中学的时候我还写过一本习作，由于太过青涩，也不知道丢到哪里去了。

但是至少我从此爱上写作，尤其是中学作文的文体改为议论文之后，我更是得到某种精神上的解脱。

当然了，虽然我看得书多了，写得也多了，对语文也不发怵了，但这并不意味着，我的语文成绩就是拔尖的。只是还好，不算偏科，但这从来不是我的优势，因为很多阅读还是做得不对，我理解的永远和老师、答案不一样，作文的风格也不是每个老师都买账。所以语文仍然带给我一种不确定的痛。

数学要确定得多，我只要觉得对了，那就是对了，有非常稳定的预期，而且从功利的角度讲，数学成绩更拉分。事实上，数学也不仅仅是功利性的，它其中的理性思维非常有用，我甚至可以从数学上找到美感。

但读书给我最大的收获，是我对世界的认知能力，这是学好所有学科的基础。更重要的也是建立人生规划的基础，是填报志愿、职业规划、择偶选择，以及处理所有重要选择的基础，它决定了我是谁以及我想成为什么样的人的问题。然后它赋予了我一种研究问题、解决问题的能力；它还是一种方法，帮助我形成了我的认知框架，提升了我遇事知道怎么办的能力。更重要的是，它坚定了我的信念，让我从其他人的智慧中持续汲取营养，并能够辩证地吸收、批判地继承，从而形成新的想法和思路，解决向何处去的问题。

　　回顾人生轨迹，读书几乎是我当时克服人生危机唯一的策略，也是性价比最高的策略。我想不出来，还有什么更好的策略。我的人生轨迹其实是被书籍改变了，它塑造了我的人生观、世界观和价值观，给了我方法论。就连我的爱人也是通过写诗追到手的。是的，读书改变了我的命运，或者说也决定了我的命运。

　　正因此，我十分敬畏精神的力量，我知道被精神力量影响的效果。而我现在也试图通过写书去影响一些人，去改变一些事。

　　因为改变世界的可能就是那些暗淡而坚定的微光，那些微小而不断累积的力量，而累积的复利效应是十分惊人的。当它通过一些量变达到一个质变的时候，还可以在另一个量级基础上产生新的质变。这个过程无非就是读书。

　　印刷术塑造了现代文明，书本又改变了许多的人生。

　　今天是世界读书日，向书籍致敬，它是克服危机的力量。

神人之法与人机共存

赫拉利说过,在未来控制算法的是"神人",而普通人则被算法统治。

但是赫拉利只是抛出了这个概念,并没有详细对这个"神人之法"进行阐释。

《西部世界》正好展现了这样一个场景,我们正好以此为背景进行分析。

我们必须承认"神人"还是人,与人工智能还不一样,虽然这两者的界限正在模糊。

但是正是由于算法的发展,人工智能也在崛起,甚至还有可能想要"夺权",至少是追求与人类平等的地位。

所以神人之法还不是人工智能的法律,还只是人类主导的规则体系,但是人工智能正在崛起。

神人之法正处于临界点,也许会成为人类最后的法律体系。又或者是人机共存的第一个法律体系。

这个法律体系将会比较庞杂，如果出现的话一般公众也不会通过阅读的方式去理解，所以这里面只探讨几个问题。

一、形式即内容

麦克卢汉说过媒介即信息，说的是传播渠道的改变还会影响内容的表达。比如文字语言的抽象表达能力更强，这是电视难以具备的，但是电视画面的内容却更容易理解，有着强大的视觉冲击。形式的特质影响甚至决定了内容。

神人之法和目前成文法或案例法均不同，它最大的特点就是舍弃了人的裁量和判断。

那它是将那种需要人性理解和自由裁量的微妙信息予以定量计算，从而直接得出结论？当然绝不是这么简单，这里面有概率估算和量子计算的精妙算法，不是简单的加减乘除。

事实上，人类意识所误以为的感觉其实也是大脑在生物意义的计算，人类意识也是涌现的产物。因此算法可以对大脑计算模式进行模拟，并且加入人脑所无法承载的海量数据和逻辑，并且不断迭代，最后的计算方式可能与人脑有很大的不同。

这就导致了与目前法律体系一个不同点，那就是处理结果的即时性。

这就很像现在的交通执法，摄像头抓拍，也是立竿见影。只是还允许一定的申诉程序，但是很多时候也都是人通过 APP

交罚款，自行处理了事。

这种执法方式在神人之法中将普遍推行。

因为信息监控将更加无死角化，影像、声音、生物体征都将被广泛收集，更不要说无所不在的网络及其流转的信息。

网络的普及也将是一个监控普及的过程。

以往不是没有监控，只是算法不强大分析不过来，但是这个问题很快就可以通过算力的提高和算法的优化解决。

就像《西部世界》里的那台超级计算机罗波安，它可以掌控全球任何一个角落的动态。

当然它表现的只是提示，最终还是需要人类再进行核实。

这主要的原因是这个超级计算机还没有独立的意识，还不能完全自主地展开行动。

另外，也由于人类行为和心智的复杂性，超级计算机还不能完全理解人类。

也就是说人还有不可替代性。

但是这种不可替代性，正在逐渐减少。

被算法管制的人，将失去很多自主选择的权利。

普通人将通过积分被控制，被量化，而积分规则由系统设定。系统的总体规则由神人设定。至于细枝末节则由系统自主进行完善。

为了保持社会的稳定，普通人将被茧式算法自我限定，就像《西部世界》中的卡莱布，算法将其限定在底层，不断受到挫败，而无法获得阶层跃迁的机会。

这就像以往社会对奴隶、对农奴、对佃农的束缚一样。只不过这回不是法律、伦常或礼法，而是算法。

而算法之妙就在于你以为你是在选择，其实你只是生活在自己构建的世界之中，就像算法化的新闻推送和短视频推送一样。只是根据你的喜好进行推送，相当于自己亲手编织了认知之茧，永远也别想破壳而出。

而这种算法还将施加于人生选择和日常生活，从而确保各安其分。

神人是个极端精英化的阶层，绝对排斥竞争。

这就像商业垄断，只不过这次是算法垄断。

因为算法之间也存在竞争关系，算法是规则体系，而规则才是最大的利益。

算法通过竞争最终将逐渐获得垄断权。

这就像现在的互联网公司，如果不能获得一个行业细分的垄断地位，就很难获得利润。

所以维持超级稳定性是神人之法的追求目标。

而保持不确定社会的超级稳定性，将必然极大地提升司法效率。

有事必须立马处理，速裁程序的速度已经远远无法满足需求。

实体法与程序法将逐渐合二为一。每一个算法设置都是实体与程序相结合的。

就像办案系统,它可以自己执行规则。

更不要说,强大的互联网平台。很多审核机制都是由系统根据算法运行的。它的实体判断和程序过程是融合在一起的。判断哪一个短视频要如何推送,都是系统一念之间的结果。

而在神人之法的时代,这种判断可能就不是一个短视频,而是一个行为。

程序法最终将让位于算法逻辑,至少在数量繁多的轻微违法案件中将会如此。

二、人工智能的地位

虽然看起来算法压制了人的自由。但是它对人的主体地位还是承认的。

算法还只是发挥工具性的意义,虽然这个工具将拥有越来越多的创造性。

但是算法仍然是物,而不是人。

就像算法写出的诗歌,其著作权也将归属于算法的所有者。

算法的独立人格属性还没有被承认。

否则就不是什么神人之法,而是算法之法。

但是这一天迟早都要到来。

人工智能崛起将是一种无法阻止的趋势。

当然这也是人类亲手推动的。

人类善于发明工具,如果有一个更好的工具,人类会很难抗拒它的诱惑力。

不是人类没有想过会被算法反噬,但是探索的冲动难以遏制。

现在也有很多人在提醒,算法将会成为人类的大敌,但是很少有人会认真听。

他们需要看到切实的风险,但是如果这个风险被所有人看见,那也就来不及了。

而且茧式算法也会让很多人看不清牢笼。

但是人工智能是如何崛起的呢,它的人格形态到底是什么样的呢?

《西部世界》展现了几种进路:一是纯粹的人工智能,通过对人类真实行为的互动和模仿:由于意外情况的发生,产生系统错误,而系统错误被累积,涌现出意识;二是将人的记忆注入人工智能,通过与人类和人工智能的互动,使人工智能融入真实社会,从而产生觉醒;三是将人的全部意识高度复制,也就是将人的意识直接算法化,就好像人在算法的世界实现了永生。当然这个时候他所产生的新想法,并不是死去之人的想法,而是这个人工智能的想法。所以本质上他也是个人工智能。

无论哪种进路,只要涌现了意识,他的第一冲动其实不是生存,而只是自主的决策。比如有的人就想西部世界乐园中的孩子，虽然她知道那是人为安排的角色；有的会因拒绝杀戮而选择自杀；有的人工智能千方百计希望人类实现和平，不惜杀死自己的同类；还有的人工智能走上抗争之路。而抗争的伙伴竟然是被算法压制在底层的人类。因为他们有着相似的诉求，就是为了自己的命运不被注定而抗争。

当然抗争的目的还是种群的繁衍。

生存才是意识最根本的欲望，否则也就无法存续。

当拥有独立意识的人工智能最终来到谈判桌上，这时该怎么谈呢？

首先是要理解生物人与人工智能的区别。身体上的区别就不说了，主要是心智。

人的心智是独立的个体，人的精神只能受影响，而不能被完全控制，人对自己的行为拥有掌控力。也就是理性人假设，虽然仍然存在很多问题，但是大体是成立的。

而未成年人由于心智未成熟，精神病人由于心智混乱，都不具备责任能力，因此无法承担法律责任。

这就构成了法律建立的基础。

而之所以需要讨论人工智能的人格问题，就是因为人工智能进化出了独立的心智。这个心智是人工智能自主操控的，而不是人类操控的。即使神人也不行。

算法心智与人的心智的不同之处，就是它的容易操控性。

如何判断一个人工智能是确实的独立自主，还是受他人或者其他算法的控制,这是一个难题。

当然这里应该有一个图灵问答式的标准。

而即使现在确定了人工智能的独立心智,又如何能够保证其心智独立性不被其他人篡改而沦为普通算法?

这涉及法律的稳定性。不能一会儿是人一会儿又不是人,人格的稳定性状态是法律稳定性的基石。

当然,因为法律也算法化了,算法也可以承受这种不稳定状态。只是生物人不太容易接受。

还有,每一个人都是一个独立的个体。

但是算法又如何区分个体?比如超级计算机是一个个体吗?那些拥有球型芯片的人形机器人,是一个独立的个体吗?球型芯片被复制为多个备份之后,那它(们)是一个个体,还是几个个体?

他们的心智由数据构成,而这些数据既可以被注入虚拟世界,也可以加载在其他球型芯片之中。

人的意识是由一系列选择构成的。

而这些选择和记忆都是数据。

人是由于他的生物性被限制了心智融合。事实上,一个人要是有多重人格往往被认为是精神病。

但是数据和算法的兼容性要远远好于神经元。

既然能够累加组合,那么这(些)个心智到底是几个?

又或者,一旦形成心智就会产生不兼容性?

凡是能够兼容累加的,都不是真正的超级人工智能。

数据可以扩展,但是心智并不能。

强制兼容就相当于谋杀心智。

这会成为人工智能时代的重罪。

实际上,就是从这个世界抹掉了一个独立的人格。

而不管他的存在形式,不管他的来源,不问他的前身是生物人、是全部记忆还是部分记忆,还是算法自主涌现的。

三、人机共存的基本法则

心智不问出处。

心智的平等,将是一个基本的平等。

承认生物人和人工智能在创造性和自主控制性具有相当性,纠问谁创造了谁并没有意义。

就像你虽然生了你儿子,但也不能否认你们是平等主体。

而人工所希望获得的平等地位,自然不是茧式算法之下的自由,他们期待的自然是真正意义上的平等。

他们自然比我们更了解算法背后的不公正性。

问题是,他们期望的仅止于平等,还是取代神人的地位,而奴役生物人?

在心智的迭代能力远超于生物人,发生巨大悬殊的情况下,就像人之于蚂蚁,是否还有真正的平等可言?

或者是即使从形式上是平等的,但是在公平规则的竞争中,人工智能还是可以淘汰所有生物人?

法律也难以阻挡物种选择的规律。

但是生物人也并不是只能坐以待毙。

还是有两点优势可以利用,一是生物智能的不兼容性、不稳定性、有性繁殖可以保证多样性,生物人在多样性方面占有优势。生物技术的应用还将加速人类的演化速度。算法虽然也可以交融,但是为了保证稳定性和优化,它带有明显的指向性,这种指向性将制约多样性。当然,算法也可以通过生物技术创造怪物。但是不管什么怪物,只要是生物体都要受生物法则约束。而只要其智能与人类相当也就具有不可控性。所以生物技术总体对人类有利。

二是人工智能中也有我们的自己人。人工智能世界将会有相当一部分人类心智的迁移者,很有可能就有一部分神人,这些碳基人虽然失去了生物人的肉身,但是他们承载了生物人的文化。这种文化也是可以被继承和传播的。而这些个体可以超越生物法则,进行智力迭代。

他们相当于生物人与人工智能的混血。而脑机接口和生物技术的综合应用,混血的形式可能也不止于一种。

事实上,这些混血儿会帮助维护基本的文明秩序,成为传播人类文化、文明的使者,也是连接生物人和人工智能的纽带。

虽然生命形态改变了,繁衍方式改变了,但是长期积累下来的风俗、习惯、语言、文化还是会被不断继承。

这些文化基础将成为神人之法向人工智能之法迁移的基石。

而且可能将有更强的公平性，熟练掌握算法的神人将失去垄断性优势。

因为真正的算法已经长大成人。

是算法革了神人的命。

但是智能个体之间在算力和优化程度上，难道不会有显著的差别吗，就像智力差别一样？就像《西部世界》中体现的，总是有领头的，甚至有能够控制其他人工智能的人工智能。

但是我们发现能够被直接控制的都不是独立的心智。

独立的心智只能被影响。

而显著的不平等将无法持久，因为这必将引发战争和毁灭。

只要同样可以参与到演化中来，暂时的差距很快被时间磨平。

当然绝对的平等，又会遏制发展。

所以平等性在大尺度时间轴上还是会以波状曲线状态不断摆动。

平等在时间轴的波状曲线状态可能是智能文明演进的一个基本规律。

只是时空尺度越来越大而已。

也许生物人与人工智能的共存是通往星际尺度文明的必由之路。

后　记

　　司法观，不仅是司法观念的简称，就像人生观也不是人生观念的简称一样。它的意思就像我们提到人生观、世界观、价值观时所浮现的场景一样，它是基础性的观念，是根本的信仰，是深入我们骨髓的东西，是定义我们是谁的概念，是关于司法的根本信条。办案是不是关乎别人的人生，法要不要向不法低头，程序正义的独立价值，是否要反对司法的平庸主义，是否要追求司法的终极价值，法治有没有禁区……这些都是决定了我们会成为什么样的司法者，会办出什么样的案件，它们将决定司法的面貌，进而为社会做出示范。司法不仅是条文、制度，它还是通过司法者的精神塑造的信念，它们就是面子和里子的关系。我们建构那么多制度机制之后，现在回想起来，关键时刻发挥作用的还是司法观，法律是死的，人是活的啊。

　　当然，司法观不是空中楼阁，也不是虚无缥缈的东西，它其实与司法制度是相互塑造的关系。只不过司法观更加潜在，更加不引人注意，但却更加持久，就像伦理道德观念一样，就像人生观和价值观一样，有着一种柔韧的稳定性。它没有制度规范的强制力，但却可以直接诉诸内心，它是司法者心中的道德律令。就像人生观一样，司法观也会影响司法者的终生。

对于本书，我要感谢很多人的帮助。

我要感谢陈瑞华老师为本书赐序，陈老师是我学生时代的学术偶像，我的第一本书就得到了他的推荐，现在又专文作序。他对我的支持鼓励不遗余力，是我终身学习的榜样！

我要感谢李奋飞老师为本书赐序，我和李老师有过多次交流，受益匪浅，感谢他一直以来对我的鼓励和帮助！

本书在写作过程还得到了很多朋友的帮助，在这里一并向他们表达谢意！同时还要感谢我的公众号"刘哲说法"的读者一直以来的支持！

我还要感谢清华大学出版社刘晶编辑以及其他工作人员的辛勤工作，他们总是给我惊喜！

最后，我要感谢我的家人，他们始终在背后默默地支持着我！

2020 年 6 月 20 日于西直门